前言

在这个竞争激烈的现代社会，我们任何一个人都摆脱不了奔波的命运，我们每个人都必须承受巨大的压力，我们越来越忙碌，忙于工作，忙于家庭，我们的日程表上总是被排得满满的。你是不是很久没享受过假期了？你是不是忙得像个陀螺？你是不是有开不完的会？你是不是总是要熬夜？你是不是觉得自己就快崩溃了……可能你在想：要是能从容地坐在咖啡厅里喝个下午茶该多好!要是明天早上不用早起、睡到自然醒该多好!

在我们的身边，有不少人因为长期忙碌而失去了健康，不仅包括身体上的，还包括心理上的。即便付出那么多，上司还是看不到，报酬还是那么少，家人也不理解。于是，他们开始无止境地抱怨，抱怨上司有眼无珠，抱怨同事不配合，抱怨孩子不听话，抱怨婚姻生活不幸福……

然而，我们也看到有一种人，他们似乎总是生活得很悠闲，不但有时间做丰富营养的早餐，还能在下班后进行体育锻炼；他们从不把工作带回家，在家里，他们永远带着微笑，似乎从没有什么压力；到了休息时间，他们从不“恋战”于工作；面对同样棘手与繁琐的工作，他们总是能将工作处理得井井有条。他们不但工作做得好，领导器重、下属青睐，而且懂得享受生活……

以上两种人，前者终有一天会忙得崩溃，后者则仍旧悠然自得，迎接着更多成功的喜悦，并一步步走向事业的巅峰。

比较下来，相信我们都希望成为第二种人。前者的忙，也许属于瞎忙，忙得没有头绪。事实上，评价一个人做事做得好不好，主要看成果，看他如何利用时间，如何在单位时间内最有效地做事。

这里，就涉及时间管理的问题。所谓时间管理，就是用技巧、技术和工具帮助人们在时间限期内完成工作，实现目标。

有人说，你可能没有莫扎特的音乐天赋，没有梵高的艺术天分，没有比尔·盖茨那般富有，但是有样东西，你拥有的和别人一样多，那就是时间。我们任何人的一天，都有二十四个小时，不多不少，时间是最公平的，它不会因为你的才华和财富而变得更多或更少，但时间飞逝，我们更要珍惜时间并做好时间管理。如果想调剂自己的生活，就必须学会善于利用时间。无论是在工作或学习方面，若能以最短的时间做更多的事，就产生更多的效能。

翻开这本书，你将惊奇地发现你拥有的二十四小时竟能如此巧妙地被利用，在有限的时间内游刃有余地驾驭忙碌的工作和生活绝非传说。熟读这本书，你会发现犹如掌握了一把能从容应对生活和工作的“金钥匙”，因为它会细致地告诉你如何掌控手中的时间，避免盲目忙碌，从而让你告别曾经几乎崩溃的忙碌生活。

本书由汤涛、陈国荣共同编写，其中汤涛负责编写第1～7章，陈国荣负责编写第8～10章。

编著者

2015年1月

目录

第 1 章

你的时间如何被消耗的

——它们都去哪儿了

生活中，我们常听到周围的人说忙，忙得像陀螺一样，除了要上班开会，还要看书学习、操持家事。但实际上，真的没有时间吗？你是否在边写工作报告边上网？是否早晨有赖床的习惯？是否总是在抱怨声中度过一天？你的时间都去哪儿了？其实，如果我们能学会珍惜时间，并充分利用它，工作效率就会提高很多，我们的时间也会逐渐变得充裕起来。我们该明白的是，是时候该为自己开销止损了。

你的时间远比金钱更有价值

“时间就是金钱。”这句箴言常被现代社会中的人们提及，但实际上，我们应该说的是，这句话表述的并不充分，时间绝对比金钱更珍贵。如果你有时间，你就有机会获得金钱；但即使你有数不清的钞票，也绝对不可能买到比任何人多一秒的时间。时间是绝对公正的、民主的，只要你留意，就会发现，没有人能从你手中将时间夺走，它也不会被偷走，没有人会比你得到的时间更多，当然也不会更少。

金钱只是比时间更容易被人们意识到，因为金钱为众人所屡见不鲜，金钱触目皆是。而时间是悄声无息的。每天清晨，当你一醒来，就有满满的24小时，也就是一天的时间。这一天里，无论你干什么，它都不会因为你从事活动的特殊与否而放慢脚步。正因为如此，我们身边的很多人，总是让宝贵的时间从身边溜走。年轻时，他们虚度光阴，以享乐为主，总认为有大把的青春可以挥霍，转眼间，垂垂老矣，剩下的只是遗憾。

美国政治家杰斐逊曾说：“从不浪费时间的人，没有工夫抱怨时间不够。”这句话也指出了时间对于我们的重要性。因为时间是生命的构成部分，我们任何一个人都没有太多的时间可以挥霍。可能你认为自己还处于人生刚刚开始的阶段，但同样要利用好每一分钟的时间，不要等到逐渐老去的时候，才慨叹浪费了生命。

大发明家爱迪生并不是一个学历很高的人，事实上，他只上过三个

月的小学。他后来的成就，第一归功于母亲的教导，第二就是因为他珍惜时间。

爱迪生在研究期间，经常对自己的助手说：“浪费，最大的浪费莫过于浪费时间了。”因此，他常常告诫自己：“人生太短暂了，要多想办法，用极少的时间办更多的事情。”

一天，爱迪生在工作时，交给助手一个任务——测量一下灯泡的容量，交代完事情以后，他又埋头工作了。

过了一会儿，他问助手测出来的结果是多少。没想到，助手还在慌忙地测量灯泡的各个数值——周长、斜度等。

看到这里，爱迪生着急地说：“时间，时间，怎么费那么多的时间呢？”于是，他走过去，接过灯泡，向里面注满了水，然后交给助手，说：“把里面的水倒在量杯里，马上告诉我它的容量。”助手立刻读出了数字。

爱迪生说:“这是最简单的策略方法了，既准确又节约时间，你怎么想不到呢？还去算，那岂不是白白地浪费时间吗？”助手的脸红了。

爱迪生喃喃地说：“人生太短暂了，太短暂了，要节省时间，多做事情啊！”

历数古今中外一切有大建树者，无一不惜时如金。数学家华罗庚说过：“成功的人无一不是利用时间的能手！”实际上，任何人，只要能充分利用好时间，不浪费每一分钟，那么，必当会成才。有些人只是利用好了几年，有些人只重视年轻时代，而成功者尽量利用好每一天，甚至能利用好每一分钟甚至每一秒钟。他们很少有浪费时间的行为，他们的成功实质上就是时间利用上的成功。

的确，你要明白，无论是谁，每天都有24个小时。比之时间长河，人的一生是那样短暂，只有抓紧每天的时间学习，才不会让人生虚度。对此，你可以这样做：

1. 按照计划做事

你可以每天睡前拟订一份计划，是关于第二天生活和工作的内容，分为最重要的、其次的和不重要的。当你感觉好的时候，先完成最重要的，然后依次完成其他。做任何事都需要用心思，心不在焉，效率不好，即无所谓充分利用时间。

2. 以较小的时间单位办事

这样有利于充分安排和利用每一点点时间，一时节约的时间和精力或许不多，但长期积累，可节约大量的时间。

许多科学家、企业家、政治家办事常以小时、分钟为单位，而一般人常以天为时间单位。美国人办事常以小时、分钟为单位来计算，而我们办事常以一天、一周为单位来计算。

3. 多限时

人的心理很微妙，一旦知道时间很充足，注意力就会下降，效率也会跟着降低；一旦知道必须在某个时间里完成某事，就会自觉努力，使得效率大大提高。所以，你可以充分发挥自己的潜力，多给自己限时办事或者学习。

从现在起，我们每一个人，都要懂得时间的宝贵，从现在开始好好珍惜青春的大好年华，努力充实自己。

别让粗心大意蚕食你的时间

人类的天性中有很多缺点，成功者之所以成功，就是因为他们多半能克服这些缺点，反之则沦为平庸者。当然，任何习惯的改变都很困难，它意味着不适与缺陷。这些不好的天性中，就包括马虎粗心。由于马虎粗心而造成不良后果的事件很多。你是不是常有这样的经历：某天加班，你边做策划案边上网，很多细节问题没有考虑到，第二天，你将做得以为完美的工作交上去，谁知道被领导一顿痛批，于是，你只好重新来过；周一早上，你急匆匆吃完早饭，拿起公文包就往公司赶，到了公司才发现一份重要的文件落在了家；身为学生的你，经常被一套数学题来回折腾……在这些反反复复的过程中，你失去的是什么？是宝贵的时间！

我们再来做个假设：每天早上早起一个小时，安排好一天的工作和生活，吃个早饭，锻炼好身体，精神抖擞地去上班；你会发现自己充满了精力，即便平时看起来难做的工作，好像也变得轻松了许多。认真工作的结果就是，你节省了时间，得到上级和同事的信任。与匆匆忙忙、一团糟的生活相比，你更倾向于哪种？

粗心的毛病容易给人带来麻烦，不但影响学习成绩，升学考试、就业升职，还有可能给人们的生活带来不幸。但最直接的就是浪费时间，耗费生命。同一件事，粗心者所花费的时间远比细心者多得多。“小马虎”从表面上看似乎不是什么大毛病，但若不及时纠正，直接影响到我们的一生。

一位父亲告诫他的孩子说:“无论你以后做什么样的工作，都要做到一丝不苟、认认真真、全力以赴。要是你能做到这一点，就不必担忧自己没有好前途。你看这世界上，到处都是散漫、粗心的人，而做事善始善终的人是供不应求、深受欢迎的，所以只有认认真真做事的人才是未来竞争的成功者。”

这位父亲的话是有道理的。一个人的成功并不在于他在做什么，而在于他有没有做到最好、做到位。成功者之所以成功，就是因为他们具备一个品质：专注于一件事并追求极致。因此，我们在学习、生活和工作中应该以更高的标准要求自己，能做到更好，就必须做到更好，能完成百分之百，就绝不只做百分之九十九。

我们再来看下面一个寓言故事：

这天，一只老马带领一群小马去电影院看电影。“现在，只有十分钟就到电影院。”

又走了二十分钟，这些小马在河边停了下来。他们觉得很奇怪，虽然走了近一个小时，却并不觉得怎么疲惫。老马给他们解释了为什么不疲惫的原因。“今天所走的路，你可以常常记在心里。这是生活艺术的一个教训。你与你的目标无论有多遥远的距离，都不要担心。把你的精神集中在十分钟内的距离，别让那遥远的未来令你烦闷。”

将“精神集中在十分钟内的距离”，多么睿智的解释。然而这也是很多人目前最缺乏的。他们往往将目标着眼于大处，而常常忽略了小的问题。的确，认真是任何人要做好一件事情的前提，如果对什么事情都敷衍了事，草草出兵，草草收兵，必然做不好。然而是否重视细节是一种习惯，要形成这种习惯，不能光说不练，要靠平日里的习惯培养，久而久之，你也就能把细心当成一种习惯。

为此，要养成把每件事都做到位的习惯，你需要做到以下几点：

1. 从培养好的生活习惯做起

不难发现，如果一个人连自己的房间、衣物、生活用品都收拾不好，他做事能有多认真？因此，你需要从生活中的小事做起，不断培养自己良好的生活习惯，减少自己的马虎粗心。常用方法是：自己整理自己的衣橱、抽屉和房间，培养自己仔细、有条理的习惯；自己安排自己的业余时间，培养有计划、有顺序的习惯。天长日久，你就会变得思维严谨起来。

2. 自己的事情自己做

比如，上学、上班前自己整理该拿的东西；外出之前，自己准备外出所带的食品和衣物。如果你忘记了，那么你一定会吸取教训，时间一长，必然会变得细心了。

3. 做事时集中精力

有些人在工作或学习时还一边看电视或者一边上网，或者戴着耳机，一边摇头晃脑地唱着歌。试想，这样怎么能聚精会神呢？

4. 做任何事都要制订完善的计划和标准

要想把事情做到最好，你必须在心中为自己设定一个严格的标准，并且，在做事时，一定要按照这个标准来执行，绝不能马虎；另外，在做任何一项决策前，一定要思虑周全，并做广泛的调查论证，广泛征求意见，尽量把可能发生的情况考虑进去，以尽可能避免出现1%的漏洞，直至达到预期效果。

总之，生活中的人们，动用你的全部智能，把自己的工作做得比别人更完美、更快捷、更准确、更专注、更出色，你就能引起他人的关注，你就能赢得他人的尊重，你就能实现你心中的愿望，你就能成就你远大的理想。

别因惰性而空耗了你的人生

人们常说，人生苦短，行色匆匆，有的人青云直上、事业有成，有的人庸庸碌碌、毫无作为，这两种完全不同的人生情景，实则来源于截然不同的两种人生态度。前者珍惜时间、勤奋拼搏；后者则懈怠拖延、行动迟缓。我们每个人每天都只有24个小时，转瞬即逝。成功人士的共同点之一，就是善于高效地运用时间。不能管理时间，便什么都做不好。但管理时间的第一步，就是要学会珍惜时间。勤奋可以使聪明之人更具实力，而相反，懒惰则会使聪明之人最终江郎才尽，最终成为时代的弃儿。生活中的人们，如果你是个懒惰的人，那么，从现在起，最大的任务就是赶走惰性。

不得不承认的是，生活中，每个人都有懒惰的心理，这是人类的天性。面对惰性行为，有的人浑浑噩噩，意识不到这是懒惰；有的人寄希望于明日，总是幻想美好的未来；而更多的人虽极想克服这种行为，但往往不知道如何下手，因而得过且过，日复一日。但实际上，只有那些能与惰性作斗争并最终克服惰性的人，才与成功有缘。李嘉诚就是最好的例子。

有位记者曾问李嘉诚："李先生，您成功靠什么？"李嘉诚毫不犹豫地回答："靠学习，不断地学习。"不断地学习知识，是李嘉诚成功的奥秘！

李嘉诚勤于自学，在任何情况下都不忘记读书。青年时打工期间，他坚持"抢学"；创业期间坚持"抢学"；经营自己的"商业王国"期间，仍孜孜不倦地学习。李嘉诚一天工作十多个小时，仍然坚持学英语。早在办塑料厂时就专门聘请一位私人教师每天早晨7点30分上课，上完课再去上班，天天如此。当年，懂英文的华人在香港社会是“稀有动物”。懂得英文，使李嘉诚可以直接飞往英美，参加各种展销会，谈生意可直接与外籍投资顾问、银行的高层打交道。如今，李嘉诚已年逾古稀，仍爱书如命，坚持不断地读书学习。

一个人不可能随随便便成功，李嘉诚向每个渴望成功的人展示了这个道理。我们都可以惊羡于李嘉诚式的成功，但却做不到李嘉诚式的努力与勤奋。你不妨问问自己：你能和李嘉诚一样勤奋吗？你是不是经常为自己的懒惰找借口？如果你的回答是否定的，那么，你就知道症结所在了。

事实上，懒惰是刚强者的宿敌，许多懒惰的人在心理、态度方面都有问题。他们吝于在工作或职业上施出全力，觉得如果尽力而未能成功，就会很丢面子。他们的理由是，既然未曾尽力，那么失败了也可以振振有词，不愁找不到借口。他们并不觉得失败，因为他们从未认真地去做过。他们时常耸耸肩膀说：“这对我没有什么两样。”而这样的人，是终将一事无成的。

曾经有人说：“懒惰是最大的罪恶，上帝永远保佑那些起得最早的人。”懒惰是现代社会中很多人共同的缺点，他们总是为自己的懒惰找借口，而正是因为如此，他们最终也丧失了很多成功的机会。因为人的一生，可以有所作为的时机只有一次，那就是现在。

那么，我们该如何用勤奋战胜懒惰呢？

1. 学会肯定自己，勇敢地把不足变为勤奋的动力

学习、劳动时都要全身心投入争取最满意的结果。无论结果如何，都要看到自己努力的一面。如果改变方法也不能很好地完成，说明或是技术

不熟，或是还需完善其中某方面的学习。勤奋学习最终会让你成功的。

2. 列出你立即可做的事

从最简单、用很少的时间就可完成的事开始。

3. 每天从事一件明确的工作，而且不必等待别人的指示就能够主动去完成

4. 每天至少找出一件对其他人有价值的事情去做，而且不期望获得报酬

克服懒惰，正如克服任何一种坏毛病一样，是件很困难的事情。但是只要你决心与懒惰分手，在实际的生活学习中持之以恒，那么，灿烂的未来就是属于你的！

自制是一种秩序，放纵流失时间

古希腊哲学家柏拉图曾提出一个观点："自制是一种秩序，一种对于快乐与欲望的控制。"这句话道明了自制的本质。自律是一种心态。如果我们懂得自律，就能时常反省自己，让自己始终拥有不断进取的动力。然而，我们发现，在物质生活水平急速发展的社会，一些人形成了一种贪得无厌的不健全人格。这很大一部分原因是：生活的环境过于优越，不加节制地使用金钱和享用物质，放纵自己的身体；但实际上，他们活得并不快乐，反而浪费了大把的时间，挥霍了青春。很多人垂垂老矣时才感慨：年轻时如果能稍加节制就好了。

生活中，我们发现，很多人总是抱怨自己活得太累，抱怨自己太忙。实际上，如果每天清晨早起半个小时，然后去锻炼身体，接下来的一天你都会感觉到身体健康、充满活力。长此以往，你的整个身体状况都会发生变化。的确，我们可以花更多的时间来塑造自我，付出的时间越多，收益就越大。如果你放纵自己，那情况只会越来越糟糕，到头来也只能一事无成。

一个人要想成功，跟他能不能自控有着非常紧密的联系。古往今来，凡是成功人士，他们往往具有一个共性特质：善于自律，以达到某种目标。如儿童时期的德国音乐家巴赫多次徒步行走九十多里路，就是为了去汉堡听一位管风琴大师的演奏，这么长时间的坚持，除了他对音乐的热爱以外，便是他的自控力支撑着他；越王勾践卧薪尝胆的故事相信大家都听过，他能够一雪前耻灭掉吴国，除了他心中强烈的复仇意愿之外还有他令人钦佩的自控力。

古话说："艰难困苦，玉汝于成。"一个人，要锤炼强大的心智，就要学会控制自己的欲望，就要在必要的"穷"和"苦"中得到锤炼，懂得以艰苦奋斗为荣，以骄奢淫逸为耻，方才体会到靠自己的努力争取得来的快乐，也才懂得珍惜。你要明白，那些成大事者，都有"动心忍性"的自制力，使其能守得云开见月明，走出逆境。自律就是自我管理、自我控制；自律就是战胜自我、超越自我。金无足赤，人无完人，人最大的敌人是自己。只有能够战胜自我的人，才是真正的强者。

事实上，自律对于生活中的每个人来说都极其重要，在我们的学习、生活和工作中，它都发挥着巨大的作用：它能督促自己去完成应当完成的学习和工作任务；能抑制自己的不良行为。相反，如果没有或缺少自我控

制，不良的行为和情绪就会反过来控制你，你将失去意志力、信心、执着和乐观，失去获得成功的机会，甚至会偏离人生的方向，误入歧途。

总之，生命的过程不可能重新来过，因此，我们必须珍惜这仅有一次的生命。面对欲望，我们必须要学会自控，充实自己的内心，坚守自己的心灵，以清醒理智的态度步履从容地走过人生的岁月。只有这样，我们的生活才会更加轻松自在，我们的人生才会丰富多彩，豁然开朗！

别让坏脾气偷走你的时间

生活中，我们经常会遇到一些令人气愤的事，那些心胸宽大的人都能做到控制好自己的情绪，操纵好情绪的转换器，不仅会显其大家风范，获得尊重和敬仰，也会收获到很多快乐。相反，如果我们不能控制坏脾气，我们的心灵就会被干扰，无论从事什么，做事效率都会降低，甚至陷入糟糕的情绪链中。

老板骂了员工小王；小王很生气，回家跟丈夫大吵一架；丈夫觉得很窝火，正好儿子回家晚了，“啪”给了儿子一记耳光；儿子捂着脸，看见自家的猫在身边，不分青红皂白就狠狠地给猫一脚；那可怜的猫不知所措，转身就跑，冲到外面街上，正遇上街上的一辆车，司机为了避让猫，把旁边的一个小孩撞伤了。

这就是“踢猫效应”，是我们的不良情绪带来的结果。如果我们能做到控制自己糟糕的情绪，那么，就不会把它传染给身边的人，也就不会引

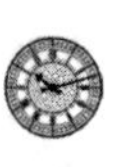

发这一连串的问题。

有人说：人类最大的敌人永远是自己。坏情绪就像那弹簧，假如你的勇气一次又一次地后退，坏情绪就会一次又一次地前进，直到最后占据你心灵的高地，全盘操纵你的一切，你的正义、勇敢、上进、积极、坚毅的品格全都遭受最无情的蹂躏和践踏，直至这一切消失殆尽，于是，走向失败，走向毁灭。

马克·吐温说："世界上最奇怪的事情是，小小的烦恼，只要一开头，就会渐渐地变成比原来厉害无数倍的烦恼。"而对于智者来说，在烦恼面前，他们不会愤怒，因为他们深知，愤怒是十分愚蠢的行为，只会让自己陷入糟糕的情绪循环之中，最终浪费的是宝贵的时间。

生活中的人们，现在我们来回想一下，你是否有过这样的经历：周一早上，你急急忙忙下楼，准备开车去上班，谁知，车子居然发动不了，你一肚子火；好不容易车子开上了路，却又遇到一个抢车道的，气不打一处来的你也卯了劲地踩油门，结果撞了前面的车，交警赶来了，一场纠纷开始了，周一一上午的时间就耽误了在去上班的路上……这样影响我们情绪的事太多了，我们平静的心会被扰乱，或开心、或悲伤、或愤怒，这些激动的情绪若不进行排解，那么，就会产生一个"情绪链"，而我们就是这个循环反应的罪魁祸首。其实，坏情绪本身没有任何破坏性，但它会带来一些负面影响，其中就包括浪费大把的时间。

从这里，我们能发现的是，一个珍惜时间做事的人，必当也应该有自我控制情绪的能力，不能有过激的言行。唯有如此，才能保证工作和学习的效率，才能成就大事，从而达到自己的目标。

因此，我们需要控制自己的脾气。当然，这需要一个过程，每个人的

自控能力不是一下子就能形成的。

曾经，美国石油大王洛克菲勒遇到一件匪夷所思的事：

这天，他正在办公，但门却被打开了，进来一个陌生人，这个人直奔到他的办公桌前，用拳头狠狠地击了一下桌子，然后火气十足地说："洛克菲勒，我恨你！我有绝对的理由恨你！"接着那个脾气火暴的莽汉恣意谩骂洛克菲勒达十分钟之久。

洛克菲勒公司的人都赶来了，有职员、秘书，还有其他管理者，看到此情此景，大家都气愤极了。他们都以为洛克菲勒会打电话叫来保安，把这个无礼的家伙从办公室内赶出去。他完全可以这么做，但出乎所有人意料的是，洛克菲勒完全没有这么做，而是停下手中的活，用和善的眼神注视着眼前这位言语攻击者，并且一言不发，对方越暴躁，他就显得越和善！

最终，倒是这个无礼的人被洛克菲勒弄得莫名其妙，并渐渐地平息下来。实际上，他是故意来此与洛克菲勒作对的，并且，他在打算攻击洛克菲勒前，已经做好了各种回击洛克菲勒的准备。但是，洛克菲勒就是不开口，这反而让他不知如何是好了。

最终，他又在洛克菲勒的桌子上猛敲了几下，仍然得不到回应，只得索然离去。洛克菲勒呢？就像根本没发生任何事一样，重新拿起笔，继续他的工作。

看完这则故事，我们不得不感慨，洛克菲勒确实是一个忍耐力极强的人。这里，面对莽汉的无理取闹，如果他以同样的态度报复，那么，情况就会更糟。

美国的一位心理专家说："我们的恼怒有80%是自己造成的。"人们

在遇到一些或悲或喜的事情时，都会激动，并且很难一下子冷静下来。所以当你察觉到自己的情绪非常激动，眼看控制不住时，可以通过及时转移注意力等方法自我放松，鼓励自己克制冲动的情绪。对此，我们可以尝试一下深呼吸方法。

在深呼吸后，你可以告诉通过自我暗示来平息情绪。比如，当你遇到有人超车时，你能对自己说："这个人大概有什么急事吧。"或者说："也许我的车开得的确太慢了。"那么，你就不至于会发火了。事实证明，"重新判断"的确是一种极为有效的控制不良情绪的方法。

在我们控制住冲动的情绪后，还要重新思考，努力打开心结，如为什么会有冲动的情绪，为什么不能从一开始就看开点，为什么不能很好地控制情绪，这样才能从源头遏制冲动。

别让抱怨白白损耗你的生命

生活中，我们常常听到身边的人抱怨道："哎！工作太累，天天都有做不完的活，连喘口气的机会都没有！""看看我们公司的那伙人，素质太低了！""我们家那位一天只知道挣钱，连结婚纪念日都忘记了。""我怎么就生了这么笨的一个儿子，学习上好像从来不用脑子。"……抱怨就像瘟疫一样在我们周围蔓延，愈演愈烈。在他们看来，他们似乎从没有遇到顺心的事，无论何时，你都能听到他们抱怨的声音。因为抱怨，他们不仅把自己搞得很烦躁，也把别人搞得很不安。而实际

上，抱怨对于事情的解决毫无益处，只会让我们在忙碌中兜圈子，只会浪费时间。相反，如果我们能心平气和地正视问题，理清自己的思绪，那么，找到解决问题的方法的概率便会大大提高。

有句话讲得好，如果想抱怨，生活中的一切都会成为抱怨的对象；如果不抱怨，生活中的一切都不会让人抱怨。如果总是以抱怨的心态工作，做起事来难免草率敷衍，更别说展现出富有激情的、创造性的工作表现了。那么你呢？你一天要花多少时间在抱怨上呢？

事实上，没有一种令人十分满足的生活、工作模式，不满意就容易产生抱怨。如果我们动不动就抱怨，而不是以一种积极的心态去解决问题，那么，这就等于拿石头砸自己的脚，于人于己于事都无益。

小李高考落榜后，开始在一家汽车修理厂工作，从他开始工作的第一天开始，他就对自己的工作充满了不满。他开始抱怨："修理这活太脏了，瞧瞧我身上弄的"，"真累呀，我简直要讨厌死这份工作了"，"要不是考试中出了点失误，我现在都是名牌大学的学生了。做修理这活太丢人了"！

每天，小李都在煎熬和痛苦中过日子，但他又害怕失去这份工作，于是，只要师父不在，他就耍滑偷懒，应付手中的工作。

几年过去了，与小李一同进厂的三个工友，各自凭着自己的手艺，或另谋高就，或被公司送进大学进修了，独有小李，仍旧在抱怨声中，做他蔑视的修理工。

可见，无论我们做什么事，要想取得成绩，就必须要拿出全部的热情。如果你也像小李那样鄙视、厌恶自己的工作，对它投注"冷淡"的目光，那么，即使你正从事最不平凡的工作，你也不会有所成就。

其实，生活中有很多这样的人，他们总是对生活现状不满，总是不断追求完美。比如，早上起床晚了，抱怨的人会想："家里人为什么不叫我一声？真是不负责任！"不抱怨的人会想："也许他们是想让我多睡一会儿。"

出门走路，与别人撞了一下，抱怨的人会想："挺大个活人都看不见，长眼睛干什么的？"而不抱怨的人会想："他肯定有什么急事儿，也怪我没注意。"

到了公司，同事对面走过来却对你视若无睹，抱怨的人会想："他对我有意见？牛什么？我还懒得理他呢。"不抱怨的人可能想都不想，顶多会想："他准是想着心事，没留神。"

辛辛苦苦做完一件工作，满以为会得到上司的夸赞，但谁知道上司不哼不哈，连个高兴的脸色都不给。抱怨的人会想："遇上这样的上司，活该我倒霉，一辈子都没有出头之日了。"不抱怨的人会想："这本就是我分内的事。"

下班了，原本打算早点回家的你，却被临时通知要开会。抱怨的人会想："下班都不让人回家，这是什么破公司？"不抱怨的人会想："也许真有什么重要的事情。"

好不容易回到家，爱人还没回来做饭，抱怨的人会想："一天忙死了，却连顿现成饭都吃不上！"不抱怨的人会想："今天有个一显身手的机会了，我要给家人一个惊喜！"

……

为什么抱怨的人会说生活得真累，因为他只看到了自己的付出，而没有看到自己的所得；而不抱怨的人即使真的很累，也不会埋怨生活，因为他知道，失与得总是同在的，一想到自己的所得，他就会感到高兴。

的确，牢骚满腹的人也不可能善用时间，因为它会破坏我们原本积极的潜意识。你可能有过这样的体会，只要头脑中有一丝抱怨的意识，那么，手中的工作就会不由自主地慢起来，然后为自己鸣不平、讨公道，甚至是抱怨老天不公。在这种坏心情的影响下，不仅工作和生活都受到了影响，心态也会改变。而真正的勇者，他们从不抱怨，他们总是能淡定、冷静地看待世界，审视自己，最终成就自己。

因此，不要抱怨你的专业不好，不要抱怨你的学校不好，不要抱怨你住在破宿舍里，不要抱怨你的男人穷或你的女人丑，不要抱怨你没有一个富爸爸，不要抱怨你的工作差、工资少，不要抱怨你空怀一身绝技却没人赏识，不要抱怨你的老板不近人情，不要抱怨你的同事素质低……生活是你的朋友，不是你的敌人。虽然现实有太多的不如意，但就算生活给你的是垃圾，你同样能把垃圾踩在脚底下，登上世界巅峰。

别因自己没主见而白赔了人生

生活中，我们常常需要做抉择——实行或者不实行，我们总是试图通过我们最精确的思维，获得我们最想要的结果。但实际上，很多时候，正是因为过多的思考，而导致了我们瞻前顾后，不敢行动。最终，时间白白流逝了，成功的机会也在这种犹豫不决中失去了，留下的也只有遗憾。

成功学创始人拿破仑·希尔说：“生活如同一盘棋，你的对手是时间，假如你行动前犹豫不决，或拖延地行动，你将因时间过长而痛失这盘

棋，你的对手是不容许你犹豫不决的！”

你是否经历过以下场景：下班后，你需要留下来赶点工作，但同时你的朋友却一直在给你打电话，约你去喝一杯。怎么办？你是继续加班还是经不住他的诱惑？如果你选择后者，那么，只能说明你是个容易被他人影响的人。

因此，如果你是个珍惜时间和渴望有所作为的人，那么，就必须努力成为一个有主见的人。做任何事，在做抉择时，如果你左思右量，只能延误时机。的确，有时候，思虑周全并不为过，但千万不能瞻前顾后。所谓不要瞻前顾后，就是不要考虑别人如何评价我们、如何看待我们、我们能得到什么回报、得到什么奖励表扬荣誉。别人的评价是在咱们的事情之后，而不可能在咱们的行动之前或同时；而且是在咱们做过之后很久很久，才会有客观的、中肯的评价。那些及时的、同时的表扬和奖励都是安排的和鼓励性质的，不是真正客观的、准确的评价。

《聊斋志异》中的一则故事：

两个调皮的牧童进了深山，看到一个狼窝，发现了两只小狼崽。他们准备带走这两只小狼崽，老狼看到后，心急如焚，准备抢回小狼崽。

聪明的牧童，瞬间就抱着小狼崽分别爬上大树，两树相距数十步。老狼在树下准备救狼崽，但却发现两只狼崽被放在不同的树上。

并且，一个牧童在树上掐小狼的耳朵，弄得小狼嗷叫连天，老狼闻声奔来，气急败坏地在树下乱抓乱咬。此时，另一棵树上的牧童拧小狼的腿，这只小狼也连声嗷叫，老狼又闻声赶去。它不停地奔波于两树之间，终于累得气绝身亡。

这只狼之所以累死，原因就在于它企图救回自己的两只狼崽，一只

都不想放弃。实际上，只要它守住其中一棵树，用不了多久就能至少救回一只。

我们没有理由说狼很笨。有时人比狼都笨。古人讲：“用兵之害，犹豫最大；三军之灾，生于狐疑。”就是这个道理。

可见，我们在做判断的时候，对世俗的复杂环境能避开就避开，不要轻信别人的胡言乱语，人要有自己的主见。我们要有坚定的信念，只有当机立断，相信自己的判断和能力，远离小人，事业才会成功。

有这样一位企业领导，他有个长处，那就是不受他人干扰，即使有人在他旁边唠唠叨叨，他也能静下心来把事情完成，并且，干净利落，绝不拖泥带水。他那种明快果决的本领，十分使人折服。

然而，生活中的我们，却做不到这样。我们常被身边的各种问题困扰、烦心，因为我们太容易被周围人们的闲言碎语所动摇，太容易瞻前顾后，患得患失，以至于给外来的力量可以左右我们的机会。这样，似乎谁都可以在我们思想天平上加点砝码，随时都有人可以使我们变卦，结果弄得别人都是对的，自己却没有主意，这真是我们成功途中的一个大障碍。

的确，人世间有太多会扰乱我们心绪的因素，对此，我们要懂得调节，才能避免他人的有意干扰。为此，我们需要注意以下几点：

1. 采用稳健的决策方式

有时候，你的大脑可能一个劲地陷入哪个好哪个坏的争论之中，事实上没有这个必要，只要没有明确的二者择一的必要，就不必太早决策。

2. 要养成独立思考的习惯

不能独立思考，总是人云亦云、缺乏主见的人，是不可能做出正确决策的。如果不能有效运用自己的独立思考能力，随时随地因为别人的观点

而否定自己的计划，将会使自己的决策很容易出现失误。

3. 坚决按照某种原则执行

利与弊往往是事情的一体两面，很难分割。有的人明明事先已经制订了能有效抵御风险的决策纪律，但是一旦现实中的风险牵涉自己的切身利益时，往往就不容易下决心执行了。

4. 不要总是什么都试图抓住

过高的目标不仅没有起到指示方向的作用，反而由于目标定得过高，会带来一定的心理压力，束缚决策水平的正常发挥。事实上多数环境中，如果没有良好的决策水平做支撑，一味地追求最高利益，势必将处处碰壁。

总之，我们需要明白的是，培养自己的执行力极为重要。因为机会稍纵即逝，不会留下足够的时间让我们去反复思考，而是要求我们当机立断，迅速决策。如果我们犹豫不决，就会两手空空，一无所获。

让时间止损的方法“时间统计法”

我们都知道，时间永远是最公平的，每个人的一天都是24个小时，但高效率的人却能在这24小时内做出48个小时的事，不懂得规划时间的人却只会把24个小时变成12个小时。很多人常抱怨时间不够用，每天除了要写报告、开会，还要处理家务事，还要休息，忙得像个陀螺，但实际上，时间真的不够用吗？鲁迅先生曾说，时间就像海绵里的水，需要我们学会充分利用。一个人能处理更多的事情，并不是比别人有更多的时间，而是更能高效地安排时间。

对此，苏联的昆虫学专家提出了著名的“时间统计法”。他从1916年元旦那一天开始，就坚持写日记。都记些什么呢？随便举一天为例：

乌里杨诺夫斯克。1964年4月7日。分类昆虫学（画两张无名袋蛾的图）——3小时15分。鉴定袋蛾——20分。

附加工作：给斯拉瓦写信——2小时45分。

社会工作：植物保护小组开会——2小时25分。

基本工作合计——6小时20分。

休息：给伊戈尔写信——10分；《乌里杨诺斯克真理报》——10分；列夫·托尔斯泰的《塞瓦斯托波尔纪事》——1小时25分。

柳比歇夫卒于1972年，在他工作的56年时间里，他每天都坚持时间记录，把工作、学习、看报、开会、研究的时间都详细记录下来，并作出总结，一天一小结，一月一大结。

也许你会认为，每天记录时间这笔账有何用途呢？通常情况下，我们所认为的工作时间其实是零碎时间，而真正花在这上面的时间可能只有一个或者半个小时，而大把的时间就在不知不觉间浪费了，比如与陌生人聊天、浏览网页、看电视等。而柳比歇夫所记录下来的时间则是纯粹花在工作和学习上的，也就是说，他在这一方面的时间比别人多得多。

不得不说，柳比歇夫之所以能比别人取得更高的成就，是因为他赢得了比别人多一倍的时间，而这得易于“时间统计法”的运用。在他的一生中，曾发表七十多部学术著作，内容涉及科学、农业、哲学、昆虫学等，另外，他在历史、宗教等很多方面也做出了杰出贡献。

每个人都有自己的生物钟，柳比歇夫也根据自己的身体情况，总结出

一些工作和学习上的规则：不接受紧急的任务；承担必须完成的任务；每天睡十个小时左右；劳累的工作和轻松的工作相结合；一旦觉得身体疲惫立即休息；不同内容的书籍交替着看。

柳比歇夫认为，一切工作和学习制度的制定都要服从于生物学，只有这样，才能最高效地工作。

我们倒不必非得要像柳比歇夫那样去记时间明细账，但柳比歇夫的方法确实给了我们一个启示：必须惜时如金，而且还要有充分保证时间利用的得力措施。

为此，在做时间规划时，我们可以掌握以下几条法则：

1. 明确目标

目标明确，才不会做无用功，才不会浪费精力，才能最大限度地节约时间。

2. 将规划列成清单

养成“凡事预则立”的习惯，在制订清单时，将任务按照轻重缓急来划分。另外，任务要具体明确，学会将大任务拆散成小事项。

3. 一次将事情做好

这需要做事专注，一次做不好，就要重复，重复就意味着时间被浪费。

4. 绝不拖延

拖延是时间管理的大敌。不拖延还意味着不要将今天的事留到明天，因为每天都有任务和目标，当天的任务不完成，就必然造成积累。

5. 根据自己的生物钟来做事

在精力最好的时间内做最重要的事，而在其他时间做比较不重要的事，这样更能保证做事更高效。

6. 学会利用零碎时间

每个人每天有很多零碎的时间，比如等车、排队等，充分利用这些零碎时间，暂时可能没什么明显感觉，但久而久之，将会有惊人的成效。

7. 及时总结

可以养成每天记日记的习惯，以此来记录每天的收获、心情，也可以反省过失、规划明天，日记能帮助人们集中精力做大事，能更好地管理时间。

生活中，有不少记录每天金钱花费的人，然后来进行财务规划，但是每天将时间记录在案的人却很少。事实上，无论如何，只要我们善于规划，制订良好的时间安排，那么，长久下来，我们的做事效率就会明显提高。

第 2 章

你的时间如何处理

——高效使用时间的要诀

人们常说，观念决定思路，思路决定出路。如果我们善于从全局角度把控事物，做事将更有前瞻性。我们都知道，时间是公平的，却也是无情的，因此，我们不但要懂得珍惜时间，更要学会有效地安排时间和利用时间，优化自己的时间观念，从而提升自己的做事效率。如果能做到这点，那么，投资大脑的工作就取得了卓越的成效，我们将取得可喜的转变。

知时、惜时、守时、用时

“一寸光阴一寸金，寸金难买寸光阴。”这是古人常告诫人们要珍惜时间的警言。孔老夫子也曾喟然长叹：“逝者如斯夫，不舍昼夜！”事实上，中国人是世界上最早认识时间之重要性的。现代社会，随着工作和生活节奏的加快，很多人总是抱怨被工作和生活压得喘不过气来，于是，他们总是说太忙了。你真的很忙吗？还是因为你没有时间意识，不懂得规划？“磨刀不误砍柴工”，没有时间意识的人，只会浪费更多的时间在毫无头绪的事情上。

我们永远也无法留住时间，它会在不经意间溜走，而当你觉醒时，已经晚了。生活中的每个人，珍惜时间吧！我们无法挽回昨天的时间，也无法提前支配明天的时间，我们只有活在当下。这里，培养自己的时间意识，需要我们从以下四个方面努力：

1. 知时：拥有时间概念

一个对时间不负责任的人，就是一个对生命不负责任的人。虽然我们不能左右时间前进的步伐，但是我们可以让时间发挥到最高价值。把时间观念真正融入到生活中，是培养时间意识的第一步。

2. 惜时：爱惜自己的时间

不妨看看我们周围的人，他们整天在忙些什么？喝酒、聊天、打麻将、唱歌等，他们把上天交给他们的时间白白地浪费了。那么，你又是如何对待时间的呢？如果你不想接纳自己现实的生活，你想改变命运，那么，首先做到爱惜自己的时间吧。

3. 守时：尊重别人的时间

鲁迅先生说："浪费自己的时间等于慢性自杀，浪费别人的时间等于谋财害命。"尼采也曾说："让别人等待无异于不道德，会在不经意间令那人的人性变得邪恶。"我们发现，越是守时的人，信誉就越高，越能获得人们的真诚信任。也就是说，与人打交道，我们也应尊重别人的时间。与人约会时，约定好的时间就一定要出现，如果出现意外情况，一定要给予说明。

4. 用时：成为时间的主人

西方的管理大师也都对时间管理高度重视。彼德·杜拉克就曾说："时间是最高贵而有限的资源。"我们周围，之所以有不少人浪费时间，就在于他们没有想到自己是时间的主人，没有养成善于利用时间的好习惯。很多成功人士乃至普通白领阶层都养成了善用时间的习惯，他们多半迅速敏捷，说话办事有的放矢，他们从不在无谓的事情上多耗费一点一滴的时间。

总结起来，要做到管理时间，首先就要有时间意识，要学会规划，把更多的时间用在最需要的地方。时间多了，机会就多；机会的增加，必然促成目标的早日实现，生命就得以延续。善用时间，正是善用自己的生命。

制订计划，预先安排时间

有这样一句名言：“世界上只有两种物质：高效率和低效率；世界上只有两种人：高效率的人和低效率的人。”的确，生活中，我们每个人都在做事，但会不会做事、做事效率如何，却是不一样的。要想做个高效率做事的人，首先就要有时间意识，懂得管理时间，制订计划。

生活中，我们发现，有这样一些人，他们总是不停地忙碌，连喘口气的工夫都没有。每天早上，他们匆匆忙忙赶到自己的公司，发现办公室一团糟，员工们还没来，于是，他亲自打扫办公室，然后开始整理自己的办公桌，却发现，要整理的东西越来越多；好不容易到了上午，会计将上个月的财务报表拿给他看，他发现，虽然公司规模不大，开支却很大；接下来，秘书告诉他下午要见几个客户，午饭后，他把大部分时间都花在了第一个客户身上，就这样放了另外几个人的鸽子……还有一种人，他们从不见得有多忙，但却从容、不慌张。早上，他和家人吃了一顿营养的早餐，然后来到公司，他昨天已经将第二天要准备的事项安排好，于是，即使大家都忙得不停，他还是能有条不紊地进行自己的工作，没有混乱、矛盾及不必要的重复，一切井井有条地进行着……

上班族的你，更愿意做哪一种人？毫无疑问应该是后者。无论现在的你从事什么工作，正在学习什么，或者你的目标是什么，如果你想更高效地工作，想获得进步，那么，你就要懂得安排时间，学会协调每天的事

务。我们先看下面的一个故事：

杨维成今年30岁，大学毕业后的他没有和其他同学一样找工作，而是向父母和亲戚朋友借钱开了现在的这家广告公司。目前，他的公司蒸蒸日上，被很多老同学羡慕，而最重要的是，他们发现，杨维成似乎不像那些民营企业老板一样忙得晕头转向，而是每天有大把的时间，好像他有神仙助手一样。对此，杨维成坦言：

“经营一家公司，不是你事必躬亲、亲力亲为就能做好，而是要懂得合理安排时间和授权，每天的时间只有二十四个小时，只有抓大放小，把精力放到最主要的问题上，才能做好事，不至于让自己太忙碌。我喜欢做工作计划表，并把安排给员工的工作内容也计划进去，有时候，我早上去一趟公司，安排一下事情就走了，员工照样做得好好的。”

杨维成的故事告诉很多职场人，做好工作的关键就在于规划、安排和管理。

事实上，大部分人都明白，要做好工作并不难，真正的难点在于如何将这些事有条理地完成。效率高的人绝不会盲目着手，而是先找到最佳的方法，从而精简任务，避免浪费时间，才能妥善管理各项工作。要想轻松做好工作，取得成效，不妨从以下几方面入手：

1. 制订工作计划

有计划，就是要凡事分轻重缓急。将重要的、紧急的事先做，按照这一原则逐渐落实工作中的大小事。

2. 抓住主要矛盾

做任何工作，都切记不要眉毛胡子一把抓，而要找到最重要的事。

3. 善于做总结

每天工作结束后，都要回顾当天工作的完成情况，然后做好工作

总结。

另外，每个人在每天的不同时间段，其精力也不同，做事效率自然不同，为此应该在最佳的时间段内做那些重要的、能动性强的事情。

在做时间安排时，还要留出一些应付意外状况的机动时间；如果日程安排太满，也容易造成身心太过疲惫的状况。当然，做了计划后，就一定要按照计划做事，如果按照自己的想法行事，那计划就落空了。已完成的计划，可以在计划表中逐一删除，这样能增加你的成就感。

总之，我们每天都要面临大量的工作任务，但精力又是有限的，只有在工作前就做好规划和安排，才能游刃有余、事半功倍地工作！

不断优化时间管理方式

时间对于每个人来说，是一种既公平又宝贵的资源。一个人如果没有了时间，人的一生除了无比的灰暗外，就是等待死亡的时刻的到来了。然而，很多人常在不知不觉间就将时间全部浪费掉了。很多人常会坐在椅子上，伸着懒腰，心里则在想着：“该开始做什么好呢？时间这么少，做什么都不够……”可是，当他真的有大把的时间可以使用时，却还是什么也无法开始做，结果让时间白白地耗费掉了。大体上来说，这样的人的一生将一事无成，他无论是求学还是工作都不会有什么大的成就。

我们每个人都不能左右时间前进的步伐，但是我们可以让时间发挥到最高价值。因此，若想充分利用时间，我们就要学会优化时间管理的方式。

在一次上时间管理的课上，即将下课时，教授对学生说："现在离下课还有几分钟，我们来做个小实验吧。"说完，他拿出一个瓶子，先拿出一个拳头大的鹅卵石放进瓶子里，然后将一些拳头大小的石头放进瓶子里，直到石头已经堆到瓶口。此时，他问学生："瓶子满了吗？"

"满了。"所有的学生都回答：

他反问："真的吗？"说完，他拿来一些更小的砾石，将这些砾石都放了进去，这样，瓶内的很多空间都被砾石占满了。

"现在瓶子满了吗？"这一次学生有些明白了，"可能还没有满。"一位学生说道。

"很好！"然后，他再拿来一些细小的沙子，这些沙子也轻松地被装到瓶子里，瓶子已经被填得满满的了。

"那么，现在瓶子满了吗？""没满！"学生们大声说。然后教授拿一壶水倒进玻璃瓶直到水面与瓶口齐平。

当这些事都做完后，教授正色地问他班上的同学："我们从上面这些事情学到了什么？"班上一阵沉默，然后一位自以为聪明的学生回答说："无论我们的工作多忙，行程排得多满，也还是可以挤出时间多做些事的。"这位学生回答完后心中很得意地想：这门课到底讲的是时间管理啊！

教授听到这样的回答后，点一点头，微笑道："答案不错，但这并不是我要告诉你们的重要信息。"说到这里，这位教授故意顿住，用眼睛向全班同学扫一遍后说："我想告诉各位最重要的信息是：如果不先将大的鹅卵石放进罐子去，你也许以后永远没机会把它们再放进去了。"

通过这个故事，我们也可以得出一点启示：时间的利用就好像放石子，这是一门艺术，只有不断学习，我们才能巧妙地将石子都放进去；否

则，我们所做的任何工作都是杂乱无章、无法安排的。据对美国两百家大公司职员所做的调查，公司职员每年都要把六周时间浪费在寻找乱放的东西上面。这意味着，他们每年要损失10%的时间。

所以，我们要善于利用每一天的时间，提高人生的效率和质量。时间弥足珍贵，我们不能绝对地延长寿命，但可以通过善用时间的好习惯，来相对地将生命延长。这样就等于增加了生活的“密度”，扩充了有限的生命内涵。

然而，我们该如何做到优化时间管理方式呢？

如果你是个懒惰的人，那么，第一步就应该戒掉这一习惯，利用两星期的时间来摸索工作的方法和顺序。如此一来，你就能事先决定工作的顺序，了解哪一项工作应该先做，哪一项工作可以后做。而且，既定的顺序绝对不可以更改。

生活懒散、安逸，这种心态在青春奋斗的年代是不被允许的。任何一个人，都应该活力十足、斗志充沛，即使是一分一秒都不应该轻易浪费。

其次，你要学会利用片段的时间，如果认为片断的时间没有什么用处而轻易浪费，那么事后想要再将它们追回来就非常困难了，所以一分一秒都得有意义地利用。例如等车、排队、走路、搭车等，可以用来背单词打电话、温习功课等。

在时间的安排上，我们首先应该在脑中清楚地分辨“先后顺序”。在工作中，并不需要有事事通的本领，但要学会分清轻重缓急和先后顺序，这样就能够将分内的工作进行得顺利。能力再强的人，如果没有理清工作顺序，就开始埋首于工作之中，势必会把工作弄得一团糟，连原有的能力也无从发挥。

总之，任何一个人都应该认识到管理时间的重要性，并在日常工作和

生活中有意识地学习如何优化它。因为人的一生除了物质财富外，时间是一笔更为重要的财富。

理清思绪，列出处理事务的顺序

现代社会，时间已成为一种有限的资源，时间就是金钱，时间就是生命。于是，忙碌的人们总是不断地与时间赛跑，高度紧张的神经让人们开始疲乏，甚至身心俱疲。而我们不妨反问一下自己，难道真的做不到让脚步放慢一点吗？事实上，人们之所以忙乱，是因为他们不懂得合理安排时间，做事效率低下的缘故。如果我们在做事之前先静下心来，理清思绪，合理安排，列出事务处理的先后顺序，那么，往往会达到事半功倍的效果。

罗先生是一家机械公司总裁，这天，根据预约，他会见了一名效率专家。

这名效率专家叫皮埃尔，他声称自己可以帮助罗先生管理好这家机械公司，罗先生以为这位皮埃尔先生是市井之徒，于是，他赶紧称自己不相信那些书本上的管理知识，而需要的是实际的执行计划。

皮埃尔知道要让罗先生相信自己就要拿出真本事来，于是，他说："只要十分钟就好。"接下来，他拿出一张白纸，然后递给罗先生说："罗总，你先在这张纸上写下你明天要做的你认为最重要的六件事。"罗先生照做了。然后，皮埃尔又说："现在，按照你认为的重要性进行排序，在它们后面标上数字。"罗先生又照做了，就这样，五分钟过去了。

“现在，请把你手里的这张纸放到你的口袋里，明天早上起来的时候，什么都不要想，做第一项事，直到你认为已经完美做好为止，然后再按照顺序来逐一处理其他事。即便你其他事一件没做也没事，因为你始终在做最重要的事。”

罗先生若有所思地点头，皮埃尔赶紧说：“记住，以后每天你都要这样做。如果你觉得这个方法有用的话，请将它在你的员工中间推行开来，让他们也这样做。”

这场会面不到半个小时，但却对罗先生的工作起到了重大的作用，他一直认为这是自己最近几年来上过的最重要的一课。

正如故事中的皮埃尔所说，提高效率的唯一方法就是要保证自己正在做重要的事。生活中，很多人都感到时间不够用，这意味着我们更应该学会巧妙利用时间，而不是眉毛胡子一把抓，结果什么都抓不住。

我们常常有这样的感触：一天内，我们除了工作外，还需要生活、休息，还需要娱乐，我们要做到的事情实在是太多了。仅以工作为例，我们也有做不完的报表，开不完的会，见不完的客人……

于是，我们会选择做个时间计划表，时间被安排得满满当当，所有事务也都被安排进去。但实际上，我们在执行的时候，依然发现很难完成。这是为什么呢？因为这份计划表缺乏条理性。

无论是工作还是生活，是要有章法的，要分轻重缓急，这样才能一步一步地把事情做得有节奏、有条理，达到良好结果。法国哲学家布莱斯·巴斯卡说过：“把什么放在第一位，是人们最难懂得的。”那么，我们该如何有计划地安排时间呢？

以下是两个建议：

1. 每天开始都有一张优先表，把事情按先后顺序写下来

每天早晨挑出最重要的三件事，当天一定要能够做完。而且这三件事里最好有一件重要但是不急的，这样才能确保你没有成为急事的奴隶。

把一天的事情安排好，这对于你成就大事情是很关键的，这样你可以每时每刻集中精力处理要做的事。把一周、一个月、一年的时间安排好，也是同样重要的。这样做给你一个整体方向，使你看到自己的宏图。

真正的高效能人士都是明白轻重缓急的道理的，他们在处理一年或一个月、一天的事情之前，总是按分清主次的办法来安排自己的时间。

2. 再按照事物紧急和重要程度来安排时间

大致来说，事务可以分为四种类型，管理者应该根据每种事物类型来安排工作的先后顺序。

首先，紧急且重要。这类事指的是火烧眉毛之事，比如，事关企业效益的事、重要会议、亲人生病需送医院等。对于这类事，一般都不可马虎，必须花上整天的时间来处理解决。

其次，紧急但不重要。对于接打电话、批阅文件、日常会议等事务，也需要管理者赶快处理，但不宜花去过多的时间。

再次，重要但不紧急。有些事务，诸如人才培养、远景规划等，看起来并不紧急，可以从容地去做，但却是管理者要下苦工夫、花大精力去做的事，是管理者的第一要务。

最后，不紧急也不重要。包括无意义的会议、可不去的应酬等。对于这类事务，管理者可先想一想：“这件事如果根本不去理会它，会出现什么情况呢？”如果答案是“什么事都没发生。”那你就应该放慢脚步甚至是停止了。

总之，在工作和生活中每天都有干不完的事，唯一能够做的就是分清轻重缓急。要理解急事不等于重要的事情。只要我们合理安排时间，大可以不慌不乱，甚至有一些充裕的时间享受生活。

每天腾出一点“机动时间”

有效的管理者知道，时间是一项限制因素。可以说，现代社会，最稀有的资源就是时间。于是，有很多人认为，忙碌的一天才是充实的一天，以至于他们经常把一天的日程安排得满满的，但一遇到突发事件，就手忙脚乱了。其实，应该每天腾出一点“机动时间”来。如果出现意外情况，就能做到不打乱计划中的工作而坦然地处理它；而即使没有出现这些突发事件，也能给自己一个放松和休息的机会，或与亲朋好友联络一下感情、考虑一天工作中的得失等。这样，我们就可紧张而又不失轻松地完成一天的工作，从容地面对明天。

可见，在时间管理中，如果将自己的时间表安排得太满的话，不但没有什么好处，反而会让自己觉得不可能完成，渐渐地就会觉得每天都好像是被时钟牵着鼻子走，觉得越是追赶越是赶不上自己的计划，结果就是任务越堆越多，使自己仿佛越来越拖拉，最后只能放弃原来制订的时间表。

所以要很好地管理自己的时间，就要合理安排自己的时间表，不要安排得太满。

李飒是某公司的人力资源部的经理，长时间以来，她都将人力资源部

管理得井井有条。无论是刚进公司的新人，还是老员工，他们似乎都充满干劲。这些员工，每天都要与各式各样的人打交道，也都需要处理很多杂务，但他们毫无怨言。

很多高层管理者向李飒取经，想知道她是如何管理的。李飒的回答是："其实，任何一个人，每天面对同样一件工作都会觉得枯燥的。所以，我给大家分配任务的时候，并不会规定死时间，也不会每天把大家都关在办公室内，所以，您在我的工作区域内经常看到的只是一部分员工。另外，我还鼓励大家交换工作，这样也有利于大家互相勉励。"

从李飒的管理经验中可以发现，她是个很善于安排工作的上司。为了舒缓员工的工作压力，她并没有硬性规定员工必须时时待在工作区域内，也不会规定死时间。员工们带着轻松、愉快的心情工作，工作效率自然就会提高。

也许你是个很会规划时间的人，会为你的每一个空余时间都做好规划。但你想过吗，朋友的一个紧急电话、生病要看医生或者家里来了一个亲戚，你都必须要打乱计划。所以，无论怎么样计划，都不可能把所有要做的事情计划完；无论怎么样计划，都不可能把一切安排得天衣无缝。当有很多事情面临选择的时候，当有些任务实在无法完成的时候，我们该怎么办？只有回答好了这个问题，我们才能真正理解如何管理时间。这个问题的答案就是：别把日程安排得太慢，学会安排一些机动时间。

因此，效率专家建议我们每天都至少要为自己安排一个小时的空闲时间。如果今天要接待一位客人，那么，在接待完客人之后给自己留出一段空白时间，或者也可以为自己安排出足够的时间检查邮件及完成一些书面工作。尽量把那些必须完成的工作提前完成，这样在被打断的时候，我们

就不会过于焦虑或者烦躁了。

如果在设定日程安排的时候过于僵硬，我们就会感觉自己好像在被时间牵着鼻子走，觉得自己的整个生活都在被时钟控制，变得毫无生趣。相比之下，如果能够在安排日程的时候为自己留出一些自由时间，我们就会感觉自己对生活有了更多的控制，每天的工作和生活也就会感觉更加顺畅。

当然，留出机动时间来应付突发事件，绝不能成为我们拖延、懒惰的理由。为此，我们依然需要做到每日计划，坚持执行和完成计划，只有这样，才能保证时间的充分和有效利用！

别试图把细枝末节都做到完美

生活中，我们常常听到身边的人说："做人，别指望所有人都会喜欢你。"其实，这句话也可以运用到我们的时间管理中。也就是说，要真正充分利用时间，就不要试图把每件事的细枝末节都做到完美。时间是绝对有限的资源，你选择了做某件事情，就隐含了放弃做别的事情。"做别的事情"就是你的"机会成本"。所以，我们做事情的标准，不是"某件事有没有意义"，而是"某件事是不是最有意义"。

小刘因为工作努力，年纪轻轻就当上了一家食品公司的车间主任。从事这个行业以来，他一直兢兢业业，也深受上级领导的赏识和信任，但他也有自己的苦恼：身为车间主任，原本他的工作是管理工人，但实际上，很多时候，面对工人们的懒惰，他实在无法管理。

比如，上个星期一，他要去外地出差，临走之前，他交代工人要将客户催的一批货赶出来，并且要严把质量关。

小刘心想，在他回来之前这批货应该能出厂了。但情况再一次出乎他的意料，当他回到公司以后，发现这些工人们不但没有赶工，反倒忙自己的事情去了。气急了的他问工人小王："我交代你的事情你做好了吗？怎么有时间玩手机？"

"这批食品不一直都是A组负责吗？"小王很诧异地回答道。

小刘又找A组的小秦，没想到小秦的回答是："您出门之前不是找了B组的人谈话吗？"

此时的小刘已经什么都不想说了，现在他能做的，就是拖着疲惫的身体替工人干活。

小刘在工作中出现了什么问题？他是一名管理者，他的工作重心应该是管理，而不是亲力亲为去做下属的工作。

许多人都已经意识到了完美主义给自己带来的困扰，然而他们却不敢面对这个问题。他们怕因小失大，造成错误。殊不知即使有了错误，也能很快弥补。事实上，从宏观角度做好时间管理，能为我们省去很多不必要的麻烦，也绝不会有太大的风险，这样工作就进行得快多了。

真正懂得如何利用时间的高手，一定是懂得如何舍弃的人。被我们羡慕的那些成功者们其实都不是神通广大的人，他们也不可能做到"一心几用"。那么，我们该如何管理时间呢？最需要掌握的一个原则是——确保自己永远在做最重要的事。

确保自己一直都在做最重要的事情，实际上也就是确保了自己的时间一直都在被高效的利用。对此，有以下几条建议：

1. 记录时间损耗

要提高管理者的有效性，第一步就是记录其时间耗用的实际情形。事实上，许多有效的管理者都经常保持这样的一份时间记录，每月定期拿出来检讨。至少，有效的管理者往往以连续三四个星期为一个时段，每天记录，一年内记录两三个时段。有了时间耗用的记录样本，他们便能自行检讨了。

2. 要专注，也就是说“一次仅做一件任务”。

在中国的大多数公司，人们越来越忙碌。尤其是那些高层领导者其忙碌的情况，简直不可思议！除了众多的出差外，还有数不清的会议，工作负担越来越重，但结果却都是毫无贡献的居多。当然真正有生产力的也有，只是寥寥无几而已。其实，仔细分析原因，我们发现，他们同时专注的事情太多了，什么都想做，什么都想管，结果什么都做不好。因此，若要想提高工作效率，就应该从本质上消除“兼顾”的想法，一次仅做一件任务。

3. 学会舍弃一些不必做的事

将时间记录拿出来，逐项逐项地问:“这件事如果不做，会有什么后果？”如果认为“不会有任何影响”，那么这件事便该立刻被取消。

然而许多大忙人，天天在做一些他们觉得难以割舍的事，比如应邀讲演、参加宴会、担任委员和列席指导之类，不知占去了他们多少时间。其实，对付这类事情，只要审度一下对于组织有无贡献，对于他本人有无贡献，或是对于对方的组织有无贡献。如果都没有，完全可以谢绝。

总之，要想节省和充分利用时间，一定要摈弃完美主义，要找出什么事根本不必做。这些事做了也完全是浪费时间，无助于成果。

让自己铭记完成任务的最后期限

我们生活的周围，总有人这样感叹：“忙了一天，也不知道忙了什么，时间还不够用。”其实，只要有效地运用时间，就可以提高工作效率。那么，怎样才能在相同的时间里做更多的事，而且做得更好呢？这就涉及工作效率的问题，

提高做事效率，其中重要的一项是提高执行力。要提高执行力就要做到加强学习，更新观念。日常工作中，我们在执行某项任务时，总会遇到一些问题。而对待问题有两种选择。一种是不怕问题，想方设法解决问题，千方百计消灭问题，结果是圆满完成任务；一种是面对问题，一筹莫展，不思进取，结果是问题依然存在，任务也不会完成。

反思对待问题的两种选择和两种结果，我们会不由自主地问道，同是一项工作，为什么有的人能够做得很好，有的人却做不到呢？关键是思想观念认识和对待时间的态度。

曾经还有个实验，面对一个学习平均成绩很低的儿童，家长准备让他修学分最低的功课，但儿童心理学家却提出了完全相反的意见——建议他多修一些课。结果出乎大家意料，这个学生多修课后，所有功课成绩不降反升。事实上，这个学生要做的就是打起精神，提高学习效率。

这其实是很简单的道理。如果发现距离最后期限的时间还尚早，那么，我们就不会有紧张情绪；随着时间的迫近，我们的紧张情绪就会增加；而

到了最后期限，我们完成任务的积极性、关注度就会完全被激发出来。

为克服惰性，避免拖拉的现象，我们应该为工作设置一个尽可能短的完成时限，通过给自己压力而产生动力，这样，所有的工作便能尽快地完成。而对于那些对未来起重要作用的长远目标和长远规划，则应进行合理分解，并为这些分解后的目标细化到也设置一个严格的时限，这样做的好处是防止我们在日常工作中将这些小目标忽视和遗忘。

的确，时间对于每一个人来说，都是无法挽留的，它就像东逝之水，一去不复返。当一天结束时，时间不会留作明天待用。一个有所作为的人，必须学会有效地安排时间，有效地利用时间，更为重要的是优化自己的时间观念，提升自己的做事效率。为此，我们需要做到以下几点：

1. 克服畏难情绪，规定自己首先处理一些重要事务

我们每天都要处理很多事务，可对此，很多人认为，先处理那些不紧要的事务，会起到激励自己的作用。实际上，这种想法是错误的。把最紧要的事拖到最后来做，你会发现，经过一天疲惫的工作后，你已经没有精力和时间来完成它了。

而我们之所以有这样的想法，实际上是因为有畏难情绪，是有意识地回避那些重要的、难度大的工作。因此，我们一定要克服这样的心理倾向，首先着手最重要的工作，用足够的时间和精力来处理它，并把它办好。

2. 制订工作计划

当然，在实际工作中，我们不可能每天像“时间统计法”创造者柳比歇夫那样进行时间核算。但在开展工作时，可以作出一个详细的关于每月或者每周的工作计划，并养成一种良好的工作习惯，避免工作时紧时松，使工作时间得到合理安排是完全可行的。

总之，时间在现代社会里已成为一种有限的资源，我们每个人都应该像对待土地、矿产、资金、人才一样做好时间的使用规划。这样，在管理时间、利用时间的过程中，我们的做事效率必定也会有一个很大的提升。

人生总有终点，所以更要努力向前

人生短暂，岁月匆匆，时间就是生命，时间对于每个人来说，都是一种既公平又宝贵的资源。我们永远无法留住时间，它会在不经意间溜走，而当我们觉醒时，已经为时已晚。然而，正是因为时间的不可逆转性，很多人产生了反正人总有一死，还不如做一天和尚撞一天钟的消极想法。而实际上，正是因为时间有限，我们更应该让每一分每一秒都活得精彩。因此，哲人曾提醒我们，要珍惜时间，积极向前。

尼采曾说："人生在世，最终逃不过一死，所以开朗生活才最重要。人生总归有终点，所以要努力向前，时间有限，所以要珍惜眼前的机遇。还是把叹息与呻吟留给歌剧演员吧。"诚然，既然我们无法改变终有一死的结果，我们不如全力向前，珍惜短暂的时间。生命是短暂的，我们与其空嗟叹，不如抓紧时间、珍惜当下、充实好现在，那么，收获的就不只是实力，还有一份淡然的快乐。

有这样一个年轻人，他认为自己已经看破红尘，于是，他什么都不干，每天只是懒洋洋地躺在树底下。

有一个智者见到此景，想开导他，于是就问他："年轻人，你这么年纪轻轻的，怎么不去工作、赚钱？”

年轻人说：“没意思，赚了钱还是要花掉。”

智者又问：“你怎么不结婚？”

年轻人说：“没意思，现在那么多离婚的。”

智者说：“你怎么不交一些朋友？”

年轻人说：“没意思，交了朋友弄不好会反目成仇。”

智者给年轻人一根绳子说：“那这样吧，你干脆用它了结生命吧，反正也得死，还不如现在死了算了。”

年轻人说：“我不想死。”

智者于是说：“生命是一个过程，不是一个结果。”年轻人幡然醒悟。

这就叫“一句话点醒梦中人”。一个年纪轻轻的人，却变得老态龙钟，什么都不愿尝试，对生活失去热情，这样，生命还有什么意义呢？安诺德曾说：“世界上最糟糕的事，莫过于人类丧失了他的热情。只要仍保有热情，即使失去了一切，他仍旧能够东山再起。”热情的原意，是“神在其中”，我们原都拥有它，而我们应该做的，便是使它重燃再现。但非常遗憾的是，我们有多少人能意识到时间的重要性。看看我们周围的人整天在忙些什么？很多人没有自己的人生目标，没有目标的人只能帮助别人达成目标，所以他们的时间是由别人来支配的。他们不愿意接纳自己的生活，也不愿意花时间来改变命运，改变生活，他们一直在抱怨老天的不公平。

工作中，有两种人。我们经常听到第一种人抱怨：为什么我的工作这么累，我们的工作太无趣了，工资太少了，工作毫无前途……第二种人，每天早晨，我们都能看到他们带着微笑来到办公室，他们总是快乐地工作着，领导交代给他们的工作，他们总是能积极完成……为什么有这样的差别？你更愿意与哪一种人共事？很明显是后者，因为从他们的身上，我们能感受到让我们积极、奋进的正能量，能让我们每天以愉悦的心情去工作，那么，我们自然能从工作中收获多多。

当然，要放下为明天担忧的苦恼，要树立积极乐观的人生态度，还要从自身做起，培养出一种真正珍惜时间、开拓进取的精神品质。生活中的每个人，珍惜时间吧！我们无法挽回昨天的时间，也无法提前支配明天的时间。我们只有活在当下，把握好今天的每一分、每一秒。

因此，每天清晨，当我们起床后，都应该给予自己积极的心理暗示。有时候，如果你在内心告诉自己，我是健康的、积极的，那么，你就会健康、积极起来。然后照照镜子，给自己一个微笑，永远用你漂亮的面容，温暖而热情地对待你的家人。别忘了，是你主宰了你的家庭生活，你可以让每一天都光辉灿烂，也可以让每一天都阴暗忧郁。

第3章

你的时间如何应用

——合理分配时间的法则

人们常说："凡事预则立，不预则废。"在时间的管理上也是如此。聪明的人会在最短的时间内，在花费最少精力的前提下解决问题。若想提高做事效率，就要做到事先计划、重点安排。一旦在时间安排上做好了规划，目标和活动就会很好地契合起来。也就是说，如果我们能拥有合理分配时间的能力，那么，将会少走很多弯路。

充分利用每天最有效率的时间

生活中的你是否发现，你的工作越来越忙了？你出席的会议更多了？你是否在办公桌上吃午饭？你甚至于连假期都被占用了？当其他人提起事半功倍这一词时，你是否由衷地感到厌恶？“难以为继”这个词听上去是不是正是你的状态？的确，任何一个忙碌中的人都希望能高效地做事。那么，怎样才能做到这一点呢？效率专家建议：我们应把重要任务放到最有效率的时间里做。

在上海的一家咨询公司，有一个叫吴越的人，他工作起来很有效率。在这家公司，除了创立者以外，他是唯一不是工作狂的人。后来他回到自己的老家，创办了一家自己的公司，这家公司成长很快，员工也都是家乡人。他们工作起来很努力、认真。作为他的员工，他们都很羡慕吴越，因为吴越每天除了参加重要客户的会议外，其他事务则授权给年轻合伙人处理。

吴越虽是公司领导者，却不管任何行政事务。他把所有精力拿来思考如何在与重要客户的交易中增加获利上，然后再安排用最少的人力达到此目的。吴越的手上从不曾同时有三件以上的急事，通常一次只有一件，其他的则暂时摆在一旁。为吴越工作的人在时间效率上充满挫折感，因为同吴越比起来，他们的效率实在是太低了。

可以说，吴越就是个工作效率高的人。和他不同的是，不少人不得不每天面对繁忙的工作，还有来自公司、同事及上司、下属的压力。各方

面的压力使他们穷于应付，却抽不出时间做真正该做的事：解决根源性问题、统筹布局。压力还使他们心力交瘁，持续处在焦虑状态之中，在工作中难以发挥最大成效。

事实上，有效利用时间，不是成为时间的奴隶，而是实现自己的人生目标，一切完全取决于是否能够成功管理自己的时间。善于管理时间的人，并不是事必躬亲、眉毛胡子一把抓，而是懂得择优处理的原则，也就是在最佳的时间内完成最重要的工作。早在1968年，美国麻省理工学院一位研究人员就对时间的利用问题进行了一次大规模的调查研究。他先后调查了美国的3000名职业经理人，从中发现，凡是成功的经理都能做到这样两点：一是限定自己的工作范围，不把手伸得过长，把职责内的工作尽量做好;二是合理安排时间，使时间的浪费减少到最低限度。

专家认为，每个人每天效率最高的时间段是早晨的5～8点。因为早晨，人们刚刚起来，头脑最清醒，注意力也最集中，周围的环境是最安静的。因此，如果在这段时间工作和学习，那么，一个小时就可能完成三小时的任务。如果我们能早早起床开始工作，甚至能在正常的工作时间来临前完成一天的工作，这样即将开始的一天就是多赚出来的。

同样，我们可以把每星期的第一天作为黄金时段，处理完一星期最重要的工作，把每个月的第一星期作为黄金时段，处理完一个月最重要的工作。如果做到了这一点，就抢占了时间争夺战中的每一个制高点，并获得了一支强大的时间预备队，无论将其使用到哪一个方向，都会在那里取得压倒性的优势。

那么，我们如何在最好的时间段将工作效率发挥到最高呢?

1. 在最优的时间段处理最重要的事情

很多人都习惯于眉毛胡子一把抓，他们认为，所有的事都比较重要，

有时候会为了一件小事不停地演算、求证等，但最后才发现，这件事情对他今天的工作是无关紧要的，根本不值得花很多时间去处理。因此，在日常生活中，我们应该分清主次，在最优时间内处理最重要的事。

2. 审视自己，找到自己做事最有效率的时间段

一般来说，企业总是设定时间卡、工作时数、时间钟点如早九晚五等，就等于花在办公室的时间比工作更重要，而这样反映出的是降低了的工作效率，而不是真实的工作效率。对此，微软公司实行的“工作任意小时”是让员工在状态最佳的时候工作，提高了工作效率。

同样，不少人在做事过程中都付出了汗水，也是时间观念很强的人，但实际上，他们却并未找到自己做事最有效率的时间段。如果他们能找出这一时间段，那么，便能让自己手中流逝走的每一分钟更加充满高效能。

当然，由于个体都存在差异性，每个人的生物钟是不同的，因此，每个人的黄金时间都是不同的。我们应该在生活中多体会，以便找出自己的黄金时段并利用好它，达到做事一天等于两天的效果。

准备工作重复，效率自会提高

“一寸光阴一寸金，寸金难买寸光阴。”这是古人常告诫人们要珍惜时间的警言。事实上，中国人是世界上最早认识时间管理的重要性的。现代社会，随着工作和生活节奏的加快，很多人总是抱怨被工作和生活压

得喘不过气来，于是，他们总是说太忙了。那么，为什么忙呢？是不是觉得忙中出乱、毫无头绪呢？其实，“磨刀不误砍柴工”，要想提高做事效率，首先一定要提前做好充分的准备。

布莱德雷将军曾说：“第二次世界大战期间，我们抵达莱茵河的时候，我并不见得知道怎么建造桥梁，但是我知道相关的事情有哪些，我让筑桥的工兵能有足够的时间和补给，这一点是非常有帮助的。”任何一件事，准备工作做得越充分，成事的可能性就越大，效率也会越高。

有一批外国客商，要在中国内地购买一批棉布。A纺织公司的销售代表通过熟人打听，很快就打听到这一消息，因此，他准备先请这些客商吃饭，搞定这批生意。但就在饭桌上，这位代表发现，与这些外商联系的同时有好几家公司，而在价格上，他们公司并没有优势，这就是为什么这些外商迟迟不肯成交的原因。

此时，销售代表有点不知所措，他给公司打电话告知了相关情况。在众人不知所措的情况下，一名叫迈克的年轻人提出了解决方案。原来，迈克早就料到了同行竞争的存在，于是，就暗地里为公司多准备了一份谈判预案。迈克经过调查发现，这些外商要购买的棉布是用于医疗卫生方面的，而符合这一标准的，就只有A公司的产品。也就是说，这些外商并不知道这一“内幕”。在后来的谈判中，A公司的谈判代表就使出了这最后的杀手锏，为这些外商提供了一份预案，在这份预案中，他故意“透露”了这一情况。而最终，令很多同行不解的是，为什么这些外商会选择价格比其他任何公司都高的A公司。

任何一位客户，为了能购买到最质优价廉的产品，都会货比三家，而这就导致了销售方之间的竞争。如何才能在这些竞争中始终立于不败之地？其实很简单，那就是多做准备工作，比别人多一手准备，多一份预案，这样，才能以不变应万变，同时，也节约了人力和精力。案例中的A公司员工之所以能帮助公司解决问题，就是因为他们掌握了购买方对产品最重要的要求，而这也成了他们能打败众多对手的杀手锏。

然而，我们发现，有这样一些人，他们在工作中始终无法提高效率，做起事来思路紊乱，东拉西扯，始终是稀里糊涂；在生活中他们也是粗心大意。而结果只能是浪费了时间，还做不到尽善尽美。

千里之堤毁于蚁穴，如果我们做不到善于思考，那么，哪怕只是一些细节问题，也可能导致全局上的失败。的确，思维指导行动，如果计划不周全，那么，就好比一个机器上的关键零件出错，那就意味着全盘皆输。

那么，我们该如何做好准备工作呢？

首先，计划要着眼于当下。

为什么不建立长期计划呢？生活中，有些人说自己能预见未来，这当然是谎言，也会失败。因为无论我们对于未来的预计多么精细，都无法将一些不可知因素囊括在内。在遇到一些问题时，就不得不改变计划，或者对其进行相应的调整，甚至在某些情况下，我们需要无奈地放弃预期的计划。

其次，要勤于思考。

思考的力量是巨大的。人的大脑就如同一台机器，长时间不使用，它的工作能力就会下降甚至不适用。因此，要有智慧，就要有一颗善于思考的头脑。真正的“有头脑”，指的是善思考、勤实践，有思想、智慧、远见、卓识和才干。一个人虽然长着脑袋，但若不善用脑袋，没有思想、智慧、远见、卓识和才干，是不能算是有头脑的。

再者，我们做任何事都要制订完善的计划和标准。

要想把事情做到最好，必须在心中为自己设定一个严格的标准，并且，在做事时，一定要按照这个标准来执行，决不能马虎。另外，在做任何一项决策前，一定要思虑周全，并做广泛的调查论证，广泛征求意见，尽量把可能发生的情况考虑进去，以尽可能避免出现1%的漏洞，直至达到预期效果。

总之，大到国家，小到个人，做事时候都必须要有计划性，只有做到缜密行事、步步为营，才能让成功多一份胜算。

一心不二用，一次做好一件事

我们早已意识到时间的重要性，于是，一些人为了争分夺秒地做事，常常一心几用，而最后的情况是什么都没做好。为此，那些善于管理时间者都得出一个经验：一次只能做一件事。“一次只做一件事”，这可以使我们静下心来，一心一意，就会把那件事做完做好。

伊格诺蒂乌斯·劳拉有一句名言：“一次做好一件事情的人比同时涉猎多个领域的人要好得多。”在太多的领域内都付出努力，我们就难免会分散精力，阻碍进步，最终一无所成。

著名作家埃里克说：“当我放弃我的工作而打算写一本25万字的书时，我从不让我过多地考虑整个写作计划涉及的繁重劳动和巨大牺牲。我想的只是下一段，不是下一页，更不是下一章去如何写。整整六个月，我除了一段一段地开始外，我没有想过其他方法。结果，书写成了。”

阿雷·谢富尔指出："在生活中，唯有精神的肉体的劳动才能结出丰硕的果实。奋斗、奋斗，再奋斗，这就是生活，唯有如此，也才能实现自身的价值。我可以自豪地说，还没有什么东西曾使我丧失信心和勇气。一般来说，一个人如果具有强健的体魄和高尚的目标，那么他一定能实现自己的心愿。"

人的一生，确实可以做很多事情，但一定的时间内，却只能做好一件事。好高骛远，见异思迁，心浮气躁，什么都想抓住，最终猴子掰玉米，掰一个，丢一个，到头来两手空空，一无所获。一个人的不成功，多是不能持之以恒地专注于一件事，或是一段时间不能持之以恒地专注于一件事，而是心猿意马，这山望着那山高。

18世纪早期就读于牛津大学的圣·里奥纳多在一次给校友福韦尔·柏克斯顿爵士的信中谈到他的学习方法，并解释自己成功的秘密。他说："开始学法律时，我决心吸收每一点获取的知识，并使之同化为自己的一部分。在一件事没有充分了解清楚之前，我绝不会开始学习另一件事情。我的许多竞争对手在一天内读的东西我得花一星期时间才能读完。而一年后，这些东西，我依然记忆犹新，但是他们，却早已忘得一干二净了。"

我们需要明白一个道理，要想充分利用时间，就要做到专注，而不要有太多的空想。

不知道你是否发现，那些攀岩成功的人都有个共同特征，那就是他们不会三心二意，也不会向下看，他们会一直努力地攀登，这样，尽管脚下是万丈悬崖，他们也不会害怕。这就是专注的精神。洛克菲勒也曾说过："做事不抢时间，不求多，稳稳当当地做，就能做许多事情，这有多好！"这句话也就是在告诉我们所有珍惜时间的人，在做事时都要做到循序渐进、稳扎稳打。为此，有以下三点建议：

1. 不要同时做两件或两件以上的事

计算机能同时运行两个甚至更多的程序，但我们却不能“一心二用”，认为自己可以同时处理很多事是一种误区，做好事情的前提是专注。然而，我们发现，一些人，一边学习，一边看电视，或者一边做策划案，一边上网，试想，这样怎么能聚精会神呢？这样自然不能集中精力去做事，久而久之，便养成了一心二用的坏习惯。

为此，你必须克服这一缺点，做事时就专心做事，休息娱乐时就放松自己。经过一段时间，你会发现，自己无论做什么事，都专注多了，而最重要的是，效率也提高了很多。

2. 善于总结

无论做事的效果怎样，只有做到及时总结，才会及时反省，尤其是对于错误和失败。要知道，成功出于自错误中学习，因为只要能从失败中学得经验，便永不会重蹈覆辙。失败不会令你一蹶不振，这就像摔断腿一样，它总是会愈合的。大剧作家兼哲学家萧伯纳曾经写道：“成功是经过许多次的大错之后得到的。”

3. 要有追求完美的心态

“没有最好，只有更好”，十全十美的事做不到，也不存在，但我们首先应该有一个追求完美的心态。“取法其上，得其中也；取法其中，得其下也；取法其下，不足道也”。只有与时俱进,以高标准的要求和精益求精的态度，聚精会神抠细节，才能实现突破。

总之，生活中人们，应该记住，无论做什么事，要想提高效率，就不要把注意力过分放在整件事情上，而应该先拟定一个切实可行的计划，并

努力做好第一步，而后再努力做好第二步、第三步……如此各个击破，最终达到自己的目标。

别指望明天，在今天做完更多的事

人的一生，短短几十载，生命是有限的。如果我们浪费时间，工作和生活总是被那些琐碎的、毫无意义的事情所占据，那么我们就没有精力去做真正重要的事情了。世界上有很多人埋头苦干，却成就一般，如果他们充分利用了自己的时间和精力，绝对可以做出更有价值的事情来。

在海尔，张瑞敏推行一种名为“OEC”的管理方法。“OEC”管理法也可表示为：“日事日毕、日清日高”，即：当天的工作当天完成，每天工作要清理并要每天有所提高。“OEC”管理法由三个体系构成：目标体系、日清体系、激励机制。首先确立目标；日清是完成目标的基础工作；日清的结果必须与正负激励挂钩才有效。

生活中的每一个人，无论是工作、生活还是学习，无论是大事还是小事，凡是应该立即去做的事情，就应该立即行动，决不能拖延，要尽全力日事日清。的确，我们的一生中，确实有很多个明天，但如果把什么都放在明天做，那明天呢？明天的明天呢？有句话说得好，“我们活在当下”，明天属于未来，我们只有把握好现在，才能决定明天的生活。

任何事，今日不清，必然积累。就好比一根稻草，千万别看轻它，一根不起眼，但当一根根稻草堆成了山，再强壮的骆驼也会被压死。

实际上，拖延并非人的本性，它是一种恶习，一种可以得到改善的坏习惯。这个坏习惯，并不能使问题消失或者使解决问题变得容易起来，而只会制造问题，给工作造成严重的危害。成功者从不拖延，而他们中的大多数人只是发挥了本身潜在能力的极少部分，因为他们对工作的态度是立即执行，所以把握了成功。那么，为什么我们还要逃避现实，还要忍受拖延造成的痛苦呢？

有一位美丽的女士，她怀孕了，无聊的她想打发时间，于是，她买来一些漂亮的毛线，想着给未出世的孩子织一件衣服。可是她却迟迟没动手，她总是懒懒地躺在床上，每当她想到那些毛线时，她总是告诉自己："还是先吃点东西，看看电视，等会儿再说吧。"可是等她吃完东西、看完电视以后，天已经黑了，于是，她会说："晚上开着灯织毛衣对孕妇的眼睛不好，还是明天再织吧。"到第二天，她还用同样的借口拖延。

她的丈夫是个贴心的好男人，他心疼妻子，就并未催促她。她的婆婆看到那些被放到柜子里的毛线，本想替她织，但她却坚决要自己为孩子织毛衣。她还心想，如果是个女儿，一定要织个漂亮的毛裙；如果是个男孩，就织一件毛裤。但随着她的肚子越来越大，她越来越不想动，后来，她告诉自己，要不就等孩子出来再织也行。

时间过得真快，孩子很快出生了，是个漂亮的小姑娘，带孩子成了她主要的工作。孩子渐渐长大，很快就到一岁了，可是那件毛裙还没开始织，后来，她发现，这些毛线已经不够给孩子织了。于是她打算只给孩子织一个毛背心，不过打算归打算，动手的日子却被一拖再拖。当孩子两岁时，毛背心还没有织。当孩子三岁时，她想，也许那团毛线只够给孩子织一条围巾了……渐渐地，她已经想不起来这些毛线了。孩子开始上小学

了，一天孩子在翻找东西时，发现了这些毛线。孩子说毛线真好看，可惜被虫子蛀蚀了。此时她才又想起自己曾经憧憬的、漂亮的、带有卡通图案的花毛衣。

这只是生活中的一个小故事，但却告诉我们一个道理，拖延习惯会毁掉我们最美好的梦想。要克服拖延的习惯，必须先抛弃拖延的心理。如果不下决心现在就采取行动，那事情永远不会完成。

比之时间长河，人的一生是那样短暂。只有抓紧每天的时间学习，才不会让人生虚度，对此，你可以这样做：

1. 制订每日工作计划，并保证完成

2. 以较小的时间单位办事

这样有利于充分安排和利用每一点时间，一时节约的时间和精力或许不多，但长期积累，可节约大量的时间。

许多科学家、企业家、政治家办事常以小时、分钟为单位，而一般人常以天为时间单位。

3. 多限时

人的心理很微妙，一旦知道时间很充足，注意力就会下降，效率也会跟着降低；一旦知道必须在什么时间里完成某事，就会自觉努力，使得效率大大提高。所以，你可以充分发挥自己的潜力，多给自己限时办事或者学习。

因此，从现在开始，用“立即执行”的好习惯取代“拖延”，这样，你就能不断积累知识。并且，马上行动可以应用在人生的每一阶段，帮助你做自己应该做却不想做的事情。对不愉快的工作不再拖延，抓住稍纵即逝的宝贵时机，实现梦想。

时间统筹，制订适合你的时间表

不少人已经认识到时间管理的重要性，但却很少有人真正能充分利用时间、提高工作效率。这是因为他们的工作缺乏计划性。的确，无论有多忙，你都应该抽出时间进行规划。

可能你确实没有时间，但请你想一想，如果不做计划，那么，接下来，你将很难抽出时间做自己想做的事，而且也不可能分辨出在那些待办事项中哪些事是重要的部分，更别说最重要的部分。因此，虽然你认为自己总是没有时间来进行规划，但提前规划却总是能够帮助你挤出更多时间。没错，确实如此：正是因为没有时间进行规划，你才应该抽出时间进行规划。

这里说的规划，具体到工作和生活中，其实就是要制订时间表。这要因自己而定，每个人的条件不一样，自己制订的规划应该比较好接受。我们不妨先来看看一名学生的时间表的制订过程。

“首先，高三学生如果想有效地进行时间管理，就需要制订学习计划并严格执行。考生先给自己下一步的时间做一个很好的规划。然后按照这个计划去安排自己的复习。

那么，这个学习计划怎么去安排呢？包括哪些内容呢？建议考生在这个阶段先给自己一个评价、评估，应该做一个自我测评。比如现在二月份了，你的复习到了一个什么程度？

制订复习的计划，首先应该在时间上要有大的安排，比如在一天

当中，上午是复习语文、英语，下午是复习数学和理科综合。现在考试有四门课，每科不是花均衡的时间。如果理科综合比较弱的话，可能花30%～40%的时间来复习它。如果数学比较强，可能只花10%的时间。一般来说，这个时候自己的弱项一定要多花一点时间。

对学科中的弱项也是一样，比如每天有两小时复习语文，在进一步分配时间时，如果文言文比较弱，就要多分配一点时间。

其次，培养出自己的考试节奏，逐渐固定做各类题型所需的时间，在考场上每个人的答卷速度都不一样，不要轻易被他人影响。

第三，留出时间放松心情，这对考前的学生来说必不可少，很多考生就是在冲刺阶段搞坏了身体，以致无法正常发挥。”

不难看出，这是一份备考的时间计划安排。那么，在日常的生活和工作中，具体的时间表该怎么制订呢？我们不妨根据时间的长短来进行划分。

1. 总时间表

这可以是一年的，也可以是一个月的，也就是长期的活动安排表。因为时间较长，为了避免忘记，可以把这份主要活动时间表抄在一张大一点的卡片上，贴在桌子上或夹在笔记本里，这样你的脑子就不会乱成一团糟了。更重要的是，你还可以设想表中的空格就是你可以用来做其他必须做的事情的时段。

2. 详细的一周时间表

如果有一份一周时间表做指导，有些人会工作得更好。一周时间表是一张扩大的总时间表。假如你的时间紧，但可以预先估计的话，你会需要一份详细的一周时间表。这种时间表只要在每月开始时安排一次就行了。

下面是做这张样表所依据的原则一例：

星期一至星期五、星期六上午六点到七点。准时起床，可以避免狂奔乱冲和狼吞虎咽的早餐（或干脆不吃）。

下午十二点到一点。用十足的一小时来从容地吃午饭。

五点到六点。晚饭前放松一下。你已经认真地工作、学习了一天，这是应得的报偿。

七点到九点。身体是革命的本钱，不要忽视运动对身体的益处。

九点到十点。避免开夜车，做一些简单的阅读工作，然后就寝。

3. 日时间表

你可能会需要一张能随身携带的每日时间表，一张学生证大小的卡片正合适，可以将它放在衬衣口袋或手提包里，这样，需要的时候就可随时查看。

每晚睡觉前，看一下时间表，了解一下第二天要去做哪些事，哪些事要先做完，哪些事并不着急，并且有多少空闲时间，然后在一张卡片上草草写上第二天的计划：要办的事，体育锻炼，娱乐及你想参加的其他活动，给每一项活动规定时间。这样花费五分钟是非常重要的。

理由有两个。

第一，把安排记在卡片上随时可查阅，这样可使你的脑子不会一片混乱。

第二，能将未来的一天先在脑子里过一遍，好像这样就开动了一个心理钟，使你能按照预定的时间行动。

注意，每日时间表是以时段为基础组成的，不是由小片时间组成的。给每一个题目或活动规定一段时间将保证你工作的效率最高。

办事有章法，计划要完备

今天的世界变化万千、竞争激烈，要想获得成功，办事有章法、做事有条理必不可少。头脑错乱，做事杂乱无章，缺乏条理，工作往往难以顺利进行。正如煎鱼一样，如果不停翻动鱼身，会使鱼变得烂碎，倘若只煎一面，不加翻动，则可能黏住锅底或者烧焦。最好的办法是在适当的时候，用铲子轻轻翻动，待鱼全部煎熟，再起锅。不仅烹调需要技巧，做任何事都是如此。当准备工作完成，进行实际操作时，只需做适当的调整和完善，其余只需按照计划有条不紊地加以执行。

我们时常感叹时间过得太快，处理一项工作，时间太紧，时间过去一大半，但工作依然进展不大，甚至是毫无头绪。出现问题的关键通常不是时间太少，而是工作无计划、条理不清晰、办事不得当，造成工作中的低效率。抱怨工作太多、太杂、太乱，实际上是由于不善于制订日程表，不能安排好日常工作，抓住毫无意义的事情不放，人为地制造忙乱。雨果曾说："有些人每天早上预订好一天的工作，然后照此实行。他们是有效地利用时间的人。而那些平时毫无计划，靠遇事现打主意过日子的人，只有'混乱'二字。"工作日程安排不好，也就谈不上有条理，更会给工作的执行带来不小的麻烦。

曾经，有位管理专家一针见血地指出，从手中溜走1%的不合格，到用户手中就是100%的不合格。为此，员工要自觉地由被动管理到主动工作，

让规章制度成为每个职工的自觉行为，把事故苗头消灭在萌芽之中。也曾有位商界名家将“做事没有条理”列为许多公司失败的一大重要原因。

20世纪80年代，在美国，有一家著名的机械公司，这家公司的产品远销全世界。因此，它的实力是可想而知的，很多美国的大学毕业生都希望进入这家公司实习和工作，但不少高材生都被拒绝。

在这些求职者中，有个年轻人叫斯蒂芬，他虽然也是名牌大学的毕业生，但也和其他人的命运一样，在公司的招聘会上被无情地拒绝。但他并没有放弃，他发誓一定要进入这家公司。

退而求其次，他想，只要能“混”进这家公司，就有机会。于是，他先找到公司人事部负责人，提出可以无偿为这家公司提供劳动力，只要能让他在这家公司，哪怕不计报酬，并能完成公司安排给他的任何工作。这位负责人，起初觉得这简直不可思议，但考虑到不用任何花费，在利益的引诱下，这位负责人便答应了，并安排他去车间扫废铁屑。

这是一份没有薪水的工作，但斯蒂芬必须要养活自己。于是，即便白天已经在这家公司累得喘不过气来，斯蒂芬晚上还是一样要到餐厅和酒吧做小时工。

然而，与斯蒂芬事先想象的不同的是，虽然他得到了所有同事和负责人的认同和好感，但公司却并没有提及正式录用他的事。但机会很快来了。

20世纪90年代初，这家机械公司遭到了灾难性的打击，很多客户因为产品质量问题而退回了订单，公司董事会为了挽救颓势，紧急召开会议商议对策。当会议进行很长时间却未见眉目时，史蒂芬果断地闯入会议室，提出要见总经理。

在会上，史蒂芬根据自己“潜伏”所看到的“事实”，对公司出现这一问题的原因作了令人信服的解释，并且就工程技术上的问题提出了自己的看法，随后拿出了自己对产品的改造设计图。

这个设计非常先进，恰到好处地保留了原来机械的优点，同时克服了已出现的弊病。总经理及董事会的董事见到这个编外清洁工如此精明在行，便询问了他的背景以及现状，而后，史蒂芬被聘为公司负责生产技术问题的副总经理。

斯蒂芬之所以宁愿无偿为这家公司服务，就是为了更彻底地了解这家公司。于是，他在做清扫工时，利用清洁工可以四处走动的优势，看清楚了整个公司的运营和生产情况，并记录在案，当然，也就不难发现公司产品在生产技术上的问题。然后，他再根据这些问题，针对性地找出了解决方案，并融合在现在的这份设计方案中。

斯蒂芬为什么能一举成功，让公司高层领导对其能力加以肯定并由一名小小的清洁工成功晋升为负责生产技术问题的副总经理，原因很简单，他懂得厚积薄发，伺机而动。因为他做足了充分的准备工作，在该公司最需要的时候及时出现，以自己过硬的专业知识帮其解决了技术问题。设想一下，假如他空有为公司担当的勇气而没有一个完备的表现自己的计划，没有过硬的实力，那恐怕这种表现只会适得其反。

没有条理，无论做什么，都无功效可言；纵使才能平常，只要有条不紊加以对待，同样可以取得相当的成就。

具体来说，这需要我们做到以下几点：

第一，知识准备充足。对即将做的事进行理论分析，是做事的第一步，也就是目标和计划的制订。

第二，对事有顺序、有步骤地规划。越细致的计划，做事成功的概率越高，这需要我们着眼细节，将任何可能出现的问题都考虑到。

第三，要敢于质疑，并要努力求证。

循序渐进，不能急于求成

做好一件事，要想节省时间、提高成效，就应该做好充分的准备。大到国家，小到个人，做事时都必须要有计划性，只有做到缜密行事、步步为营，才能让成功多一份胜算。然而，做成任何事，也都不是一蹴而就的。那些做事效率高的人往往更踏实、更专注，而不是好高骛远。然而，在做事过程中，很多人表现出了急躁的毛病。事实上，任何一件事，从计划到实现的阶段，总有一段所谓时机的存在，也就是需要一些时间让它自然成熟。如果我们想一步登天的话，那么，经常会遭到破坏性的阻碍。因此，无论如何，我们都要有耐心，可以暂时为自己制订一个可实现的短小的目标。

我们先来看下面一个减肥成功者是怎么养成运动的习惯的：

“我曾经是个两百斤的胖子，肥胖带来的苦恼实在太多了，我常常买不到合适尺码的衣服，外出时大家都用异样的目光看着我。而让我印象最深的一件事是，有一次，我得了阑尾炎，疼得厉害，爸妈打了急救电话，来个几个年轻的女护士，她们要把我抬上救护车，但我太胖了，女护士们根本抬不动，我躺在担架上，被折腾了好久……自从这件事后，我告诉自己，无论如何，一定要减肥，这样胖下去实在太苦恼了。我也明白，

对于一个两百斤的大胖子来说，立即减成一个苗条的人并不大可能，于是，我给自己订立了一个运动减肥的计划。在第一个月的每天，我运动一个小时，每天不吃零食；第二个月，每天运动一个半小时……刚开始的几天，我觉得每天锻炼一个小时都很吃力，因为我以前是个连走路都会大喘气的人，不过我还是坚持下来了，第一个月结束的时候，我居然减了二十多斤，这实在太神奇了。就这样，我继续完成了接下来的两个月的锻炼计划，现在，我身上的肥肉已经都不见了，而且，最重要的是，我已经养成了锻炼身体的习惯……”

其实，和锻炼身体一样，做成任何一件事，都不能急于求成。我们可以先为自己定一个可以轻易实现的目标，这个目标的实现能增强我们的自信心，帮助我们成功克服更高的难题。

在做任何事时，我们都要重视准备工作，也就是计划的重要性，但真正思虑周全的行动并不是长远的计划，不是模糊的、抽象的计划，而是详尽的、可操作的。关于这一点，有以下几条建议：

1. 树立的目标应该是务实的，而不是不切实际的

要学会从小事开始，而不要异想天开、过于理想化，你可以选择一个能接受的程度最低的目标。比如，你不能告诉自己，我决不再拖拖拉拉，而是应该把目标具体化：我会每天花一个小时时间学习数学。

2. 将目标分解成短小具体的目标

每一个小目标都要比大目标容易达成，小目标可以累积成大目标。你不应该告诉自己，我打算写份报告，而是：我今晚将花半小时设计表格，明天我将花半小时把数据填进去，再接下来一天，我将根据那些数据花一个小时将报告写出来。

3. 处理好时间问题

你可以问问自己：这个任务事实上将花去我多少时间？我真正能抽出多少时间投入其中？ 不是：明天我有充足的时间去做这件事；而是：最好看一下日程表，看看我什么时候可以开始做。

4. 只管开始做

要想一下子做完整件事情，每次只要迈出一小步。 记住：千里之行始于足下。不是：我一坐下来就要把事情做完；而是:我可以采取的第一个行动是什么?

5. 利用接下来的15分钟

任何事情你都可以忍受15分钟。你只能通过一次又一次的15分钟才能做完一件事情。因此，你在15分钟时间内所做的事情是相当有意义的。 不是：我只有15分钟时间了，何必费力去做呢？ 而是：在接下来的15分钟时间内，这件事的哪个部分我可以着手去做呢?

6. 可能的话，将任务分派出去

你真的是能够做这件事的唯一人选吗？这件事情真的有必要去做吗?记住：没有人可以什么事情都做——你也是。不是：我是唯一一个可以做好这件事的人；而是：我会给这件事找个合适的人来做，这样我就可以去做更重要的事了。

7. 保护你的时间

学会说“不”，不要去做额外的或者不必要的事情。为了从事重要的事务，你可以决定对“急迫”的事情置之不理。不是：我必须对任何需要我的人有求必应；而是：在工作的时候，我没必要接听电话，我会收看留言，然后在我做完事情后再回电。

8. 留意你的借口

不要习惯性地利用借口来拖延，而要将它看做是再做15分钟的一个信号。或者利用你的借口作为完成一个步骤之后的奖赏。不是：我累了，或者是我饿了、累了、很烦躁等，我以后再做；而是：我累了，所以我将只花15分钟写报告，接下来我会小睡片刻。

9. 奖赏你一路上的进步

如果你实现了初步的计划，那么，就应该奖赏自己。当然，你更应该关注自己的努力，而不是结果。比如，你可以奖励自己看部电影。

总之，制订计划的时候，应当先设定一个短小的目标，当我们完成了这一阶段的目标后，才有信心继续向更好阶段的目标挑战。

第 4 章

如何管理时间事半功倍
——时间管理的实用工具

时间对每一个人来说都是重要的。我们都知道生命的重要性，但又有多少人在珍惜时间呢？生命的价值在于时间的利用。我们在短暂的一生中不可能什么事都去做，所以要想把自己的事做好，就要学会有效的时间管理，不要被无关紧要的事所影响。而要做到这一点，我们不妨先来学习几种有效管理时间的工具和方法。

掌握“20／80时间管理法”

在日常的工作中，我们发现，一些人经常抱怨工作太忙，而事实上，他们一直在忙于做一些毫无成效的事情，比如，在办公室看电视、上班时间打长时间的电话等。如果你也是如此，那么，你必须要调整自己的工作状态，因为完成了那些不值得做的事情是不会给你的生活带来什么成功的。只有集中精力完成那些值得去做的事情，才会高效地完成工作。无论何时，如果你为一些错误的事情而工作，那么无论做了多少都是毫无价值的。如果说有某种必须遵循的法则能帮助你把生活调整到一个良好的平衡状态，那么它就是一百多年以前由意大利经济学家帕累托发现的20/80法则。

维尔弗雷多·帕累托提出：在任何特定群体中，重要的因子通常只占少数，而不重要的因子则占多数，因此只要能控制具有重要性的少数因子即能控制全局。当然，习惯上，二八定律讨论的是顶端的20%，而非底部的80%。

同样，在工作中，占据重要位置和起到重要作用的也是少数。因此，你要在可以利用的时间里尽最大努力去工作，在最重要的事情上竭尽全力，而不要在不重要的事情上浪费精力。“学会在几件真正重要的事情上力争上游，而不是在每件事情上都争取有上乘表现的人，可以使他们自己的生活发生根本的变化。”什么工作都要抓，往往可能导致什么也做不到。实际上，每个人都至少可以消除一些低成果活动。没有人用最高的效

率做事，从主观上看，消除低成果的活动是困难的，但如果你下定了决心，它就是有可能的。

根据80/20法则，我们可以看出的是，人如果利用最高效的时间，只要20%的投入就能产生80%的效率。相对来说，如果使用最低效的时间，80%的时间投入只能产生20%效率。一天头脑最清楚的时候，应该放在最需要专心的工作上。与朋友、家人在一起的时间，相对来说，不需要头脑那么清楚。所以，我们要把握一天中20%的最高效时间专门用于最困难的工作中。

威廉·穆尔是美国著名的企业家，他曾经在为格利登公司销售油漆时，头一个月仅挣了160美元。

随后的一段时间，他仔细研究了犹太人在从商上经常用到的“二八法则”，然后再将这一法则运用到自己的销售情况中，并分析了自己的销售图表，发现他80%的收益却来自20%的客户，但是他过去却对所有的客户花费了同样多的时间——这就是他过去失败的主要原因。

于是，他要求把他最不活跃的36个客户重新分派给其他销售人员，而自己则把精力集中到最有希望的客户上。不久，他一个月就赚到了1000美元。穆尔学会了犹太人经商的二八法则，连续九年从不放弃这一法则，这使他最终成为凯利—穆尔油漆公司的董事长。

从这里，我们发现，运用20%的时间和精力就能得到令人瞩目的回报。80/20法则让我们学会避免将时间和精力花在琐事上，要学会抓主要矛盾。一个人的时间和精力都是非常有限的，要想真正“做好每一件事情”几乎是不可能的，要学会合理分配我们的时间和精力。要想面面俱到还不如重点突破，把80%的资源花在能出关键效益的20%的方面，这20%的方

面又能带动其余80%的发展。

根据二八法则，我们在时间管理中，可以总结以下两点：

1. 始终把精力放到最重要的事上

在生活中，不管是工作、学习、人际关系等，你只做重要而且是必要的任务。以不同的职业为例：

作为一名职业经理人，他的工作大部分时间是用在规划、组织、用人、指导、控制上。

作为一名销售经理，他的工作可能就是把产品的知识传授给属下，统计整个单位的业绩，走访一些重要的顾客，把下级的一些意见反映给上级等。

作为一个销售人员，他的优先顺序就是打电话约见客户，然后准备销售的工具以及材料，到客户那去，向客户介绍产品，最后签订订单。

所以每一个人，因为工作的角色不同，只做重要及必要的任务。

2. 集中精力，全力以赴

每个人的角色不同，在当时的状况之下设定目标，应以每一次仍能够最完美地实现目标为原则，这样在计划周期结束时，每个人至少都处理了重要事情。

从这里，我们能看出设定优先顺序的好处。优先顺序就是决定哪件事情必须先做，哪件事情只能摆在第二位，哪些事情可以延缓来处理，即要有意识地设定明确的有限顺序，以便执着、系统地依照这个顺序处理计划里的任务。

目标分级时间分段管理法

管理时间的最终目的是有效地运用时间、提高做事效率，却不是把什么事情都做完。因此，对于我们每天所做的所有事，应该根据其重要性，事先进行排序和划分，进而能对我们的工作和生活起到一种指引和提醒作用。

为此美国管理学家莱金提出了“ABC”优先顺序法，他建议为了提高时间的利用率，每个人都需要确定今后五年、今后半年及现阶段要达到的目标。人们应该将其各阶段目标分为ABC三个等级，A级为最重要且必须完成的目标，B级为较重要很想完成的目标，C级为不太重要可以暂时搁置的目标。

同样，对于每天的时间，我们也可以根据这一方法来划分时间段。其实，也不难想象，在我们每天所面临的事情内，有最重要的、次等重要的和不重要的，根据重要性程度的不同，我们就能将其划分，分为A、B、C。从功能有效达成角度去看，A级任务成果最高，C级任务成果比较低，B级任务成果平平，这就是ABC法则。

如果一天内的任务可以看成百分之百的话，那么，最重要的任务A占15%，但这类任务所产生的效能却能达到65%；相反，C级任务占到65%，却只能产生15%的效能；剩下20%的任务和效能都可以划归到B级任务中。相信很多人也就能明白为什么一个公司经理以上的领导者只占少数，但这些领导人却决定了关键多数的事情，而那些基层员工虽然占大多数，但所

做工作的价值却很小。可见，对于我们一天的任务，对于A级任务，是必须做的，应该投入更多的时间；B级任务是应该做的；而C级任务是不值得做的。

ABC时间管理的步骤如下：

1. 列目标

顾名思义，也就说，每天工作前，先不着急着手做事，而是要将要做的事先列出一个清单。

2. 分类

要做的某件事属于什么类别，按照事情类别进行划分，能帮你批量处理。

3. 排序

排序的标准一般是事情的重要性和紧急程度。

列出事物清单后，在那些你认为最重要的事物后面标上A，次要的任务后面标B，而最为不重要的后面写C。

当然，你可能会产生疑问，我的判断就一定正确吗？此时，你可以再对自己的标注结果进行对比，这能帮你解除疑虑。

不难想象的是，在每天的24个小时内，我们最应该将时间花在A级任务上，接下来才是B级和C级任务。另外，我们可以对进行已经划分好的A、B、C三个级别的任务进行细分，比如可以把A级任务分解为A–1、A–2、A–3、A–4……这是因为我们每天都时间有限，而且这些任务的紧迫性也未必相同。

4. 分配时间

应先排出A级任务的日程表及时间分配情况，再接着是B级和C级的任务。

5. 实施

还是应该按照顺序来，你应先将所有精力放到A级任务工作上，完成后再转向B级任务，最后完成C级任务。

如果你是一名管理者，不必事必躬亲，要学会指派任务给下属，以节约时间。

6. 记录

记录每一事件消耗的时间。

7. 总结

工作结束时评价时间应用情况，以不断提高自己有效利用时间的技能。

当然，这里，我们对事物的重要和紧急性进行排序也是相对的，因为带有主观成分，因为你始终是做决定的人。此时，你可能觉得某件事很重要而将其划在A级内，但随后你却发现，它其实没那么重要，那么，你很可能就会将其改变为B级。不管怎样，需要记住的是，你始终是事情的决定者，如果对自己的划分不满意，你都可以进行改变，然后始终保证自己在做最重要的事。

可见，对事物的优先次序安排，是需要不断调整的，以便最有效地利用当前的时间。

假设你是一位十岁男孩的母亲，当你得知他的成绩不好时，你花了五分钟时间来思考这件事，但接下来，你却花了将近一个小时来考虑如何提高他的成绩。然而，你忽略的可能是，你完全可以从他的老师那儿得到最好的建议，也就是说，你的时间就这样被浪费了。

总之，在时间管理中，你需要明白的是，如果把时间花费在那些毫无

意义的事情上是无意义的，在那些价值不高的活动上投入太多精力是毫无意义的。另外，那些比较重要的活动往往需要你付出更多努力，只有仔细的规划才能让你用最少的时间获得最大的收益。

把工作按重要和紧急交叉划分

世界上的任何人，唯一的相同点是，我们都有24小时，不多一分，也不少一秒，时间是最为公平的。如果你不合理利用时间，生命就在不知不觉间浪费了。然而，每个人每天都要面临很多事，只有做好时间管理工作，将24个小时进行合理分配，将每天的事情按照轻重缓急进行划分，才能提高做事效率，让时间增值。

为此，这里，效率专家向我们推荐四象限法。

在传统的时间管理观念里，划分时间的标准是事情的紧急程度，最紧急的事情放到第一位，然而，接下来，就会出现一种奇怪的现象，一些人会每天忙于那些急事，也就是到处“救火”。一方面，在他们看来，他们做了很多很有价值的事，很有成就感，然而这种做事的方法好不好，这种“忙”越多就表示收获的结果越多？答案是否定的。因为即便是紧急的事，也有重要与不重要的区分，也有可做可不做的，一直在忙些不重要的、也可以不做的紧急事件，是没有多少价值可言的。如果将宝贵的时间都浪费在这些事件上，那么，即使你24小时不休息，也会毫无所成。

于是，美国的管理学家科维提出了著名的“四象限”法，这个方法把

工作进行了更为细化的划分，分为四个象限：既紧急又重要、重要但不紧急、紧急但不重要、既不紧急也不重要。

按处理顺序划分：先是既紧急又重要的，接着是重要但不紧急的，再到紧急但不重要的，最后才是既不紧急也不重要的。

在“四象限”法的运用中，我们最需要注意的是第二类和第三类的顺序问题，很容易混淆。另外，也要注意划分好第一和第三类事，都是紧急的，分别就在于前者能带来价值，实现某种重要目标，而后者不能。

接下来，我们对这一方法进行更为细致的了解和分析。

1. 第一象限是重要又急迫的事

这类事情有客户投诉、即将到期的任务、财务危机、治病求医等。这类事情，一般来说，也是不易处理的，考验的是我们的经验、判断能力和应变能力。如果拖延的话，那么，事情就有可能变得更难处理甚至无法处理。

2. 第二象限是重要但不紧急的事

这类事情有工作规划、问题的预防和发觉、参加学习等，如果将这个领域荒废，就有可能导致事情逐渐移至第一象限，使得我们的工作压力加大，甚至无法挽回。事实上，很多重要又紧急的事都是经过了这样一个量变的过程。只有做好事先的规划、准备及预防措施，才能避免很多急事的产生。

3. 第三象限是紧急但不重要的事

这里，最需要注意的是一定要与第一象限区分开。你可能会产生错觉，认为这一象限的事也很“重要”，其实这只是别人的重要的，而不是你的。电话铃声、不速之客、部门会议都属于这一象限。很多时候，人们为这些事忙得焦头烂额，却只是一直在为别人“效劳”。

4. 第四象限属于不紧急也不重要的事

从某种程度来讲，一个人要是总为这些事忙碌，那就是浪费生命了。比如上网、闲谈、邮件、写博客等。实际上，这类活动并不是愉悦身心的休闲活动，反而会让人们感到空虚。

经过对四个象限的了解，现在你不妨回顾一下上周的生活与工作，你在哪个象限花的时间最多？请注意，在划分第一和第三象限时要特别小心，急迫的事很容易被误认为是重要的事。其实二者的区别就在于这件事是否有助于完成某种重要的目标，如果答案是否定的，便应归入第三象限。

生活中的人们，你是否经常感觉到自己天天忙，并且忙得毫无头绪？那么，请认真领会时间管理的四象限法，它会让你的工作变得高效，工作不再是负担。成就高效的卓越管理者就在于实践时间管理的四象限法。

时间管理中的“墨菲定律”

生活中的人们，可能都有过这样的生活经验：假如你的兜里装着一枚金币，生怕别人知道也生怕丢失，所以你每隔一段时间就会去用手摸兜，去查看金币是不是还在，于是你的规律性动作引起了小偷的注意，最终金币被小偷偷走了；即便金币没有被小偷偷走，那个总被你摸来摸去的兜最后终于被磨破了，金币掉了出去丢失了。再举个例子，比如你每天出门都

带着雨伞，可总也不下雨。当你这一天不想再带伞出门时，则往往会赶上下雨。再如你去排队买东西，窗口前有几条相同长度的队伍。这时，你所加入的队伍往往是最慢的。如果在街上准备拦一辆车去赴一个时间紧迫的约会，你会发现街上所有的出租车不是有客就是根本不搭理你；而当你不需要租车的时候，却发现有很多空车在你周围游弋，只待你一扬手，车随时就停在你的面前。如果一个月前在浴室不小心打碎了镜子，尽管经过了仔细检查和冲刷，你也不敢光着脚走路；等过了一段时间确定没有危险了，不幸的事还是照样发生，你还是被碎玻璃扎了脚……

这就说明了越害怕发生的事情就越会发生的原因。为什么？就因为害怕发生，所以会非常在意，注意力越集中，就越容易犯错误。

关于这一点，有个著名的墨菲定律，墨菲定律并不是一种强调人为错误的概率性定律，而是阐述了一种偶然中的必然性。

墨菲定律是美国的一名工程师爱德华·墨菲作出的著名论断，亦称莫非定律、莫非定理、或摩菲定理，是西方世界常用的俚语。墨菲定律的主要内容是：事情如果有变坏的可能，不管这种可能性有多小，它总会发生。

我们再来看下面一个故事：

由于失去了一颗铁钉而失去了一个马掌，由于失去了一个马掌而失去了一匹好马，由于失去了一匹好马而失去了一个将帅，由于失去了一个将帅而失去了一个兵团，由于失去了一个兵团而失去了一座城池，由于失去了一座城池而亡掉了一个国家。

这就是著名的墨菲定律。它告诉我们一个小的细节的失误，就会导致灾难性的后果。这并不是耸人听闻，在我们的生活中诸如此类的事情时有发生，因此我们应该牢记墨菲定律的要义，时刻注意防微杜渐，以避免小错酿成大错。

人类虽然越来越聪慧，但容易犯错误是人类与生俱来的弱点，不论科技有多进步，有些不幸的事情总会发生。而且我们解决问题的手段越高明，面临的麻烦就越严峻。错误是这个世界的一部分，与错误共生是人类不得不接受的命运。但错误并不总是坏事，从错误中汲取教训，再一步步走向成功的例子也比比皆是。因此，错误往往是成功的垫脚石。错误能告诉我们什么时候应该转变方向。

根据墨菲定律可以推出四条理论：

一是任何事都没有表面看起来那么简单；

二是所有的事都会比你预计的时间长；

三是会出错的事总会出错；

四是如果你担心某种情况发生，那么它就有可能发生。

同样，在时间管理中，我们也可以看到墨菲定律的影子。例如，我们经常会碰到，往往在订单快到期的关键时刻，一台重要的设备突然出现故障。这都是因为我们存在侥幸心理，放松警惕的缘故。海尔有位领导曾说过："要让时针走得准，必须控制好秒针的运行。"这句话充分说明了细节在时间管理中的重要性。

墨菲定律给我们的启示是，在时间管理中，一定要关注细节，如果你很快完成了90%的工作，别沾沾自喜，很可能它就停留在了90%的那个地方。

具体来说，我们可以从以下几点着手：

第一，事先周密计划，设想各种可能发生的事情、情况或发展趋势

（可用鱼骨图、头脑风暴法等工具，识别出可能出现的事情、情况或发展趋势），不忽略小概率事件；

第二，针对可能造成重大事故的事情建立预警机制；

第三，建立应急措施、对策；

第四，将应急措施、对策宣导给相关的人员，必要时组织模拟演练；

第五，随时根据事态的发展状况进行应急措施、对策的调整。

墨菲定律告诉我们，在做任何事之前都应该尽可能想得周到、全面一些，采取多种保险措施，防止偶然发生的人为失误导致损失或灾难。如果真的发生损失或者不幸，就应该积极面对，从错误中汲取经验教训，而不是企图掩盖它。

给自己实施“生命紧迫法”

曾有人说：“如果要想成为顶尖，那么就100%的实践，缺一分那就会差很多。一个人的成就，决定于一天的24小时，你做了哪些不一样的事情。”可以说，每个人对于时间的管理决定了其做事乃至人生的成功与否。你可能有很多人生目标，但梦想要成真的话，就是要有一个期限。当你把期限写下来之后，你就会清楚地了解，这个目标是不是太快了、太慢了，还是太多都在同一个时间。都是长期目标的时候你要把它分成短期的行动方案、行动步骤。若发现你所需要的目标都是短期的，那就建议你去设立一些长期的目标。

我们常常觉得那些目标离自己太远，就是因为缺乏时间的紧迫性。

我们先来假设一下，有两个年轻人，他们的能力不相上下，也都一无所有。一个年轻人目标明确，总是积极向上，每天干劲十足，努力充实自己；另外一个年轻人，他目标模糊，满足于现状，每天浑浑噩噩、得过且过。想象一下，五年后，他们会有什么不同?

的确，尽管只是五年的时间，他们的差距已经显现出来了。前者通过自己的奋斗，已经小有财富，做人办事顺风顺水，事业越做越大、春风得意，而后者，稍微遇到一些问题，便慨叹自己解决不了，每天活在抱怨中，常常为生计、金钱而苦恼。

这两种人，你想做哪种？当然是第一种！但前提是你要为自己找到一个准确的定位，而不是得过且过。

因此，效率专家建议，如果你觉得现在的工作和生活充满未知数、一片迷茫，那么，不妨用用“生命紧迫法”。

现在，我们不妨通过以下三个步骤来寻找自己做事的方向。

第一步，写出你的人生目标。

拿出一支笔、几张纸和一只表，你可以将时间限定在十五分钟内。然后，你挑出一张纸，在纸的最上端写下问题，我的人生目标到底是什么?当然，这里的目标，在不同的人生阶段是不同的，所以你可以把人生目标看成自己当前看待人生的方式和视角。

接下来，你可以花上两分钟的时间列出所有的答案，比如，谈一场恋爱、去攀登珠穆朗玛峰、环游世界等。当然，你也可以列出一些在别人看来是幻想的事，毕竟，人有目标和梦想总是好事，你也不需要为这些想法负责。不过，你应该也写下一些具体的目标，比如，为家庭、为社会能作

出什么贡献，在经济和精神层面的目标等。

然后你可以多给自己两分钟，对刚才列出的清单进行必要的修改，达到让自己感到满意的水平。

如果仔细反省一下现在的生活模式，你或许能增添一两条内容，比如，你在工作之外还有大把的业余时间，如果拿来为自己充电的话，是不是对未来的职业前景更有帮助？如果你有阅读报纸的习惯，那说明你希望了解时事信息，并希望从中找到乐趣……

第二步，将目标时限缩短，接下来的三年，你将如何度过？

在第一步中，你写的那些目标，可能是空泛的、没有实际意义的，比如“获得幸福”、“取得成功”、“有所成就”、“赢得爱情”、“为社会做些贡献”等。在列出这些目标之后，你可以再给自己提问：我将如何度过以后三年时间？如果你的年龄已经超过30岁，建议你把“三年”改成“五年”。此时，你是不是觉得奋斗的时间更少了，是否会产生一种紧迫感？

同样，先给自己两分钟时间，尽量列出所有可能的答案，然后再给自己两分钟，对已经给出的答案进行补充。

第三步，假如只有六个月呢？

现在你可以从一个不同的角度写下第三个问题：如果自己得了重病，只剩下半年的时间了，那么，这六个月你又该怎么安排？

此时，想必你一定希望完成最重要的事。不过，在开始列出清单之前，要尽量让自己相信所有与死亡相关的问题都已经得到了解决，比如，你已经签完了自己的遗嘱，为自己选好了墓地等等。所以在回答这个问题的时候，你所有的答案都应当集中在这六个月当中。

这个问题的目的在于帮助你找出那些对你非常重要，可你现在却并没有着手去做的事情，或者是那些你应当在今后六个月里关注的事情。你可以继续像现在这样生活；或者，如果你足够富有，你可以辞掉现在的工作，用自己的积蓄过完今后的六个月。你会怎么做呢？在两分钟时间里尽快写出答案，然后再用两分钟时间修改你的答案。如果你到现在还没动手，我建议你立即开始，从第一个问题开始。这是一项重要的练习，它将会让你受益无穷。

收集、处理、计划、行动、回顾

现代社会中的人们，你是否在为天天加班而苦恼？是不是发现邮箱的未读邮件已经爆满？你的桌面是不是有好几个会议提醒？是不是觉得总有做不完的工作，正对着繁琐的工作而犯愁？在八小时中做完所有工作，不是不可能完成的任务。时间管理达人公认的最简单有效的GTD时间管理法则，让你把时间充分展开，梳理出一个清晰可见的脉络。做到这几点，你也能够驯服八小时工作时间。

的确，我们的精力是有限的，我们的大脑也是用来思考的，而不是记事。如果眼前的事情多成了一团乱麻，往往会消耗人们大量的精力，造成巨大的精神压力。德鲁克曾说："在知识工作中，任务没有被指定，它需要被确定。'这项工作的预期成果是什么？'这是一个提高知识工作者工作效率的关键性问题。这个问题可能导致一些极具风险性的决定。通常，

没有正确的答案，只有不同的选择。想要获取高效益，一定要明确地认定预期结果。”

GTD是较为时新的时间管理方法，是Getting Things Done的缩写，就是通过五步管理，不断地将自己的物品比如文件进行分类，通过对物品的管理来达到管理时间、提高工作效率的目的。

GTD分为五个经典步骤：收集、处理、计划、行动、回顾。接下来，我们看看具体的操作方法。

1. 收集

首先，闭上眼睛，冥想一下，有哪些需要你解决的事。可能在你的脑海中，有很多一闪而过的念头，请立即写下来，可能这些让你不安的事情来自很多方面，比如爱情、生活、工作等，所有的事情都纠缠在一起，让你的八小时缺少效率，甚至在八小时之外，你还为这些事揪心。

2. 处理

在你写出来的很多事情里，有不少能轻松解决的，比如“给小王打电话，预约下周三的会面”或“通知妻子晚上准备什么类型的晚餐”，再或者是“马上电邮给老板上半年的工作总结报告。”这些事情尽管不难，却长久地占据你的脑细胞，掩盖了那些真正需要处理的问题，你可以花两分钟时间尽快处理。

3. 计划

接下来，你需要考虑的是那些会占用你两分钟以上时间的事，还有那些需要更繁杂的步骤来完成的事，在大脑里做个备案吧，你到底需要多少翔实的计划呢？这些事之所以让你困扰，是因为你没对其做好进一步的规划和措施，让你缺乏自信，或者你对这件事的预期效果没有信心。因此，

你才会感到心虚。事实上，你只需要列出一个清单，概括出预期的效果以及各阶段的行动步骤，就足以把这些烦恼从你的大脑中清除了。

4. 行动

对你的工作任务进行划分，把那些能交给别人处理的任务分出去，做那些更重要的事。而且，你要做到专注，一次只做一件事，把那些能借用工具完成的任务，统统交给工具吧。

5. 回顾

回顾你的日程表和任务清单。

根据GTD时间管理方法的步骤，时间管理专家为我们提出以下九种工作方法：

第一，对你的工作台面乃至电脑桌面简单整理，并定时给予归纳整理。

第二，写下你一天要完成的重要工作，先从最重要的那项开始做起，持续地做下去，直到做完或因等待某些资源而阻塞为止，然后着手第二项工作。

第三，早上到达公司的第一件事，就是要先看这一天的工作清单，并将这些清单分三类，即“一定要做”，“应该做”，“能做最好”。每完成一项任务，就划掉一项，这样做，能让你提升自豪感和成就感。

第四，减少检查邮件的次数，即使你手头任务已经完成，也不要习惯性地打开收件箱；另外，你还需要每天定时轮询收件箱，分类处理邮件，清空收件箱。

第五，要学会休息，不要以为忙就有效率。中午的午休非常宝贵，请一定休息，这样下午的工作将非常高效。

第六，找出可以指派他人做的任务，建立文件夹，并注明时间等情况。

第七，找到那些需要你亲自处理的工作、文件等，上班时，将这些问题从文件夹中调出来，然后一个个处理，并归档。

第八，为将来要处理的某些事建立目录，例如周三下午4点和XX开会讨论YY事情。一般用日历也能搞定。该目录下的工作，必须是不能提前处理的，要区别于那些需要亲自处理的工作。

第九，建立“归档”目录，存放已经处理的工作。该目录可以细分为更小的子目录，按类归档，方便查找。

总之，时间管理不是追求在一个小时内多做三五件事情。工作是做不完的。GTD管理方法能让我们在有限的时间内，创造尽可能大的价值。

如何规划好你的每一天

我们常听到身边的人抱怨“忙死了”，每个人每天只有二十四个小时，要吃饭、工作、睡觉，还要检查邮件、看电视、接孩子……然而，即便你有比别人更多的时间，你还是有可能无法处理完这些事，因为你的生活缺乏规划。

的确，时间是最宝贵的资源，合理安排时间就是“预算”生命。你若希望高效地学习，就应该根据自己的工作和生活，对时间作出总体安排。

我们暂时先将长期目标搁置，现在来回忆，你每天的时间都是怎么安排的？在你的待办事项中，有哪些是必须做的？

这是第一个问题。也就是说，这些是必要的、无法删除的日常活动，

比如吃饭、睡觉，虽然你也可以想办法减少花在这些活动上的时间，但你无论如何都不可能完全取消这些活动。另外，除非你非常独立、非常富有，或者是你有特殊的收入来源，否则，你就必须参与社会工作，以此来保证自己的生活所需，比如购买食物、添置衣物等生活必需品。这也就是说，吃饭、穿衣、交通以及工作等至少会占用你一定的时间。

第二个问题，你的常规性事务有哪些？

起床、看邮件、读报纸、参加工作例会、保持办公区域整洁、看电视、开车接送孩子……这些工作量的多少完全取决于你在你的组织、家庭和你的社交圈当中的位置。

平时你根本不会去花费太多心思考虑这些活动，但它们却占用了你大量时间。事实上，很多人一辈子都在为这些事情而忙个不停。

家庭主妇们也经常会遇到这些情况。她们经常会很努力地做好自己的本分工作，结果却发现自己虽然终日忙忙碌碌，却始终没有相应的成就感。

接下来，就是一些遗留事务了。

事实上，大多数人每天的活动内容都是由自己当前正在处理、但还没有完成的工作决定的：比如昨天、上个星期或者是上个月开始的某个项目。我们常常并不想做什么事，但却身不由己，比如，我们原本准备在晚上写一些随笔，但却接到电话，不得不参加曾经允诺过的一个朋友聚会。

再就是一些意外事情。

那些意外的事情通常都会让你感到不快，也会占用你的时间。设想一下，头一天晚上，你事先定好了闹钟，但早上你一睁开眼睛，却发现闹钟没电了，你也因此晚起了，结果你迟到了两个小时才到办公室，而你本来打算提前到十五分钟，把昨天没有完成的工作补完的。不仅如此，到了

办公室之后，你发现琼斯先生已经打来了五个电话，抱怨说他至今没有收到你昨天答应送给他的文件，所以你不得不立即打电话到快递公司问问情况，然后发疯一样地督促他们抓紧时间……

再如，你原本五点半下班，但老板拖到六点才放你走，你的孩子正在幼儿园等你接他回家。你不得不打电话给你的爱人，但此时的他（她）正在加班，于是，你们为谁接孩子的事吵了一架，此时你还不得不往幼儿园赶，谁知道，赶在下班高峰期的你堵在了路上，你的心情无比烦闷……

不难想象，我们每天的生活都是被这些必要的活动、常规任务、遗留工作，以及刚刚谈到的意外情况充斥着。对于大多数人来说，他们终日纠缠于这些事务当中，一辈子也不可能找到足够的时间来实践自己的人生目标。要想避免这种情况，你首先需要分辨出那些浪费时间的活动，并通过停止这些活动来为自己挤出更多的时间。要想实现那些对你来说真正重要的人生目标，你只有一种途径：认真规划每一天的时间。

当然，这份计划也不可过于理想化，因为做规划的目的是让生活更有计划性，而不是被时间牵着鼻子走。相比之下，如果能够在安排日程的时候为自己留出一些自由时间，你就会感觉自己对生活有了更多的控制，每天的工作和生活也就会感觉更加顺畅。

让高科技给时间管理帮忙

我们周围的大多数人，都已经认识到时间的紧迫。我们要兼顾工作和生活，还要面临激烈的职场和社会竞争。于是，为了提高效率，很多人都有一套自己的时间管理方法和管理工具。你是不是有这样的习惯：晚上睡觉前，你会把第二天要采购的物品贴在冰箱上，或者为了让全家人吃到更特别的食物而在电脑上百度那些食谱，再或者为了一份文件而亲自跑去客户公司……这些方法并没有错，但有时候不但没有帮助我们做好时间管理，反而浪费了时间。随着时代的进步，善于做时间管理的人已经学会了使用高科技工具来协助自己工作。我们先来看下面的故事：

维罗妮卡和凯文是已到中年的一对夫妻，凯文在一家机械厂当工人，几乎都是在夜里上班，而维罗妮卡除了是一名化妆品直销代表外，还是一个女性心理辅导团体的负责人。他们有两个孩子，一个15岁，一个10岁，都在学校上学。

凯文经常抱怨自己太累了，夜班12小时实在不是人做的工作，黑白颠倒了，生活没有趣味，自己的时间一点也没有了。而维罗妮卡则很生气，因为她的丈夫确实是个健忘的人。维罗妮卡说："我觉得自己老得在后面催着他，他说行行行，然后又忘记了，我只能再说一遍，这种感觉很不好。"

每天早上，当维罗妮卡和孩子们一起床，家里就开始乱哄哄的，维罗妮卡要为孩子们准备早餐，整理书包，还要帮洗夜班换下来的衣服，然后

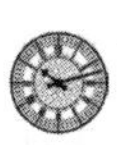

为丈夫定闹钟，提醒他起来吃饭；再接着，她还要自己梳洗、化妆，再送孩子们出门……一早上实在太忙了。

后来，维罗妮卡经一个同事推荐，使用了一个共用的线上家庭管理系统，可以作为日历、记事本和通讯工具；另外，维罗妮卡使用一个日用品购买软件。她说："每天傍晚下班的时候，网上超市的人会把已经买好的东西送过来，这种感觉实在太好了，我现在也可以同时做几件事，还能更好地享受家庭生活。"他们的大儿子说，他妈妈用了这些工具后唠叨少了，让全家人有更多的时间谈论彼此生活中发生的事情。

现在，维罗妮卡和孩子们每天晚上睡觉前都会在电脑上查看日历，看第二天有什么任务和活动要做。当然，他们每个人都有自己的日历，上面只显示与自己相关的资讯。

维罗妮卡说，自从用了日程提醒程序后，她和丈夫的婚姻似乎也减少了压力。曾经有一次，她明明在早上出门前提醒丈夫替她去接孩子放学，但是凯文还是忘了，这把维罗妮卡气坏了。但现在就不同了，这项程序会在任务开始之前一个小时就自动发短信去提醒凯文该做什么了。凯文也说，自己的记忆力好像都变好了。

贝希是维罗妮卡的好朋友，她在德克萨斯州买了一座大房子，她的丈夫在外工作，她的主要精力就都放在了孩子和丈夫的饮食上，但这也是她最头疼的问题。在得到了维罗妮卡的推荐后，最近，她注意到一个菜谱规划网，上面不但有各种菜式的介绍，还有其他主妇们的心得。从前，她每周要花两小时浏览各种网站和美食书籍，寻找晚餐的灵感。而这个网站能能生成整整一周的食品采购清单，这使她每周花在准备做饭上的时间减少到十五分钟。

看完维罗妮卡一家的生活经历后，你是否也有这样的冲动——撕掉冰箱上的便利贴？我们是高科技社会的人，理应成为高科技应用程序的受益人，它可以帮助我们从管理时间之苦中解脱出来，让我们可以更好地控制生活。

不知你有没有发现，我们似乎总是有一大堆事情要办，白天的时间永远都不够，那又为何不尝试运用新的高科技手段来对自己的时间进行管理呢？

如果你是个老古板，不妨试试通过视频与你的领导进行工作沟通，通过烹饪网站帮你做出更美味的食物，不妨让线上共用日历帮你做出更人性化的安排。也有一些人提出质疑，他们称通过科技手段来管理家庭生活会有把每个人变成机器人的风险，但我们不得不说，对大多数的上班族们来说，高科技工具让他们感觉更自如。

第5章

如何节省自己的时间

——借助外力而非独自苦干

21世纪是一个合作的时代，合作已成为人类生存的手段。因为科学知识向纵深方向发展，社会分工越来越精细，我们每天只有24个小时，不可能事必躬亲、事无巨细，更不可能成为百科全书式人物。因此，不管有多大的才华，也不管有多高的地位，每个人都要借助他人之力来为自己节省时间，提高自己的做事效率，从而完成自己人生的超越。

在职场独来独往反而吃亏

在职场，有些人在工作上喜欢独来独往，标新立异，以为这是证明自己工作能力的方法，但单打独斗太费精力，他们也很难将工作做好，另外，他们也被其他同事孤立起来了。事实上，一个员工，只有充分融入整个团队之中，才能充分发挥自己的能力，创造最大的价值。

所谓团队，并不是几个或者许多人简单地集合在一起，而是一个有组织、有管理、有共同目标的结合。只有将自己很好地融入团队，努力发挥自己对团队有用的一面，收起某些有损团队利益的行为，才能真正实现成功。因为团队是个人成长和发展的基石，更是获得机会的重要保证。团队是个人的成功之源，当个人离开了团队，无疑成了无源之水，无本之木。而这，就要求我们融入所在的团队，在团队所有成员的共同协作下，最大限度地发挥自己的智慧。也就是说，融入和谐团队，我们才能如鱼得水。

身处职场，我们必须要对合作引起重视，并把合作的意识运用到日常的工作中。有句名言说:“要想一滴水永不干涸，唯一的办法就是将它放入大海。”一个员工，只有充分融入整个团队之中，才能充分发挥自己的能力，创造最大的价值。

我们工作的环境中，年轻一代似乎更容易成为独行侠，他们是“蜜罐里泡大的一代”，面对从“孩子”到“大人”的转变，面对从“学生”到“职业人”的身份转变，可能有一些人会觉得无所适从，难以适应新身

份，渐渐地变得孤僻起来，只活在自己的小圈子里。而作为职业人，“独行侠”显然是不受欢迎的，因此，有这方面困扰的朋友应该端正心态，处理好同事间的人际关系，摆脱“独行侠”形象。

另外，可能我们也有所发现，在气氛不安的环境下，我们也无法拥有工作热情，从这一点出发，我们也有必要与同事搞好关系。

可见，无论是从企业还是自身工作效率的角度看，我们都不能做职场独行侠。

那么，职场人士如何避免做独行侠呢?

1. 交流是拥有良好的人际关系的基础

良好的人际关系始于相互的了解，而了解来源于沟通，尝试着走出第一步，主动与人谈谈话、聊聊天，讨论某些问题，交换一些意见是十分必要的。

2. 给别人了解你的机会，避免不必要的误会

你可以坦率一点，告诉别人你的性格、为人原则，让别人知道你是怎样一个人。这样，别人就会知道你的作风，而不会勉为其难地要你做你不愿做的事，而你也不会因经常需要拒绝别人的要求而影响彼此间的人际关系了。

3. 学会关心别人，求助他人

如果你期望被人关心和喜爱，首先得关心别人和喜爱别人。关心别人，帮助别人克服了困难，不仅可以赢得别人的尊重和喜爱，而且，由于你的关心引起了别人的积极反应，也会给你带来满足感，并增强了你与人交往的自信心。

除了关心别人以外，有了困难你要学会向别人求助，因为别人帮助你克服了困难，你的心理当然就会从紧张转为轻松，这不仅使你懂得了与人

交往的重要性；而且由于你的诚挚的致谢，别人也会感到愉快，这就沟通了人与人之间的情感交流。

4. 破除偏见，认识他人

人在评价别人时难免带有主观印象，结果常常因此而“失真”。比如，人们常常根据对方的一些个人资料（如籍贯、职业等）来推断此人的性格，如认为会计总是斤斤计较、小气万分的。这种错误的人际知觉，当然使你难于与人和睦相处。因此，只要你能认识到这些人际知觉中的偏见，并不为之所囿，你就能合群了。

5. 学习交际技能，处理职场人际关系

如果你在与人交往时总是失败，则由此而引起的消极情绪当然会影响你的合群性格。如果你能多学习一点交往的艺术，自当有助于交往的成功。例如，多掌握几种文体活动技能，如打球之类，你会发现自己在许多场合都会成为受别人欢迎的人。

的确，也许你认为自己是个耿直、不善言辞的人，也许你认为自己做不到面面俱到、八面玲珑，也许你做不到长袖善舞，但是你至少可以做到，给每一个迎面而来的同事一个善意的微笑，给每一个正在说话的同事一个倾听的姿态，给每一个帮助了你的同事一句诚恳的“谢谢！”

也许你是个更喜欢独处的人，也许你不喜欢参与同事之间的娱乐活动，但是你不能总是拒绝参加公司的活动，你不能拒绝每一次同事关于一起用餐的邀约。你可以不用每一次都出席，但一定要把握适当的比例，该参加的活动哪怕再不情愿，也一定要出现，即使是在半途的时候找个借口离开也比你永远缺席来得好。而当你处在热闹的聚会中时，如果不想说话，那么请一定记得要微笑和倾听。

总之，职场不需要独行侠，一定要牢记，你是这个工作团队的一分子，你不是一个人！

多与人合作让事情更轻松

每年的秋天，我们都会看到这样一幅绮丽、壮观的画面：一群大雁结队往南飞，它们一会儿排成“人”字，一会排成“一”字，这阵容着实可与空军演习相媲美。于是，人们常常会感到疑惑：为什么大雁南飞会有如此阵容呢？于是，学者们从社会学的角度对大雁展开了研究，研究结果发现，大雁群体具有很强的团队意识：相同的目标，明确的分工，协调的合作，有序的竞争，恰当的组合，宽阔的胸怀，无私的奉献。

团结就有力量，合作产生效益，更重要的是，优势互补、与人合作能提高做事效率，节省时间，壮大自身力量，在时间就是金钱和生命的现代社会，真正聪明的人都懂得与人合作的好处。

成功学大师拿破仑·希尔曾认为，“集思广益”是人类最了不起的能耐，不但可以创造奇迹，开辟前所未有的新天地，还能激发人类最大的潜能。常见的情况是，人们在思想的交流与碰撞中，一次就有可能产生独自一人十次才能完成的思考和联想。这方面成功的例子是绿茵场上的德国队：

德国球员就像军人，纪律严明，谨慎细致，不管是在落后、领先、僵持的各种情况下，总是保持着统一的基调，按部就班地寻找机会，不到最后一刻绝对不放弃比赛。英格兰前著名先锋莱因克尔曾说过：“足球就是11人对11人的运动，最后取得胜利的总是德国人。”荷兰球员克鲁依夫也这么说过：“都说荷兰飞人，但是真正能跑的是德国人，他们简直可以不停地以一个频率奔跑。” 这两位都曾经是德国队的有力对手。靠团队协调，德国队屡屡创造骄人战绩。

在一个出色的足球队中，每个球员并不一定都是最优秀的，但这个足球队的搭配和组合一定最优秀。

单丝不成线，独木不成林，任何大事都是由众人合作完成的。学会与人合作，能帮助我们节省精力，缩短做事时间，保证做事效率。

当然，人与人的合作不是人力的简单相加，而是要复杂和微妙得多，人与人很像方向各异的能量，相互推动时事半功倍，相互抵触时则一事无成。

那么，具体来说，我们该如何与他人合作呢？

1. 信任你的伙伴

既然选择合作，我们就要相信自己的伙伴，相信他们能够与你协调一致，相信他们会理解你，支持你。如果彼此相互猜忌、互不信任，那么分工就不可能，因为总有一些任务依赖于别的任务；同时猜忌的气氛让每一个人都不能全心投入到工作中去，也不利于工作能力的发挥。

2. 要努力形成自己的优势

博弈论还告诉我们，人们更愿意选择与自己实力相当者合作。因此，我们只有为自己充电，形成自己的优势，才能选择更优秀的合作者。另外，只有具备自己的优势，才能与合作者形成优势的互补，那么，你们所形成的团队的竞争力也就越强，成功的希望也越大。

3. 学会有效的沟通

心理学家还认为，沟通的缺乏也是人们选择竞争的一个重要原因。如果双方曾经就利益分配问题进行商量，达成共识，合作的可能性就会大大增加。沟通是传达、是倾听、是协调，也是一个团队和谐有序的润滑剂。

在营销学里有一个“250定律”，是美国著名推销员乔·吉拉德总结出来的。他认为每一位顾客身后大约有250名亲朋好友，如果你赢得了一位顾客的好感，就意味着赢得了250个人的好感；反之，如果你得罪了一名顾客，也就意味着得罪了250名顾客。销售人员与顾客的交往如此，人与人之间的沟通也如此。所以，认真对待你身边的每一个人，尤其是你的合作伙伴，会让你赢得信任，让生活充满热情，让工作更有效率。

总之，社会总是会有竞争，但是我们也该学会与人合作，只要抱着“我好，你好”的双赢态度，按照这个原则去处理人际关系，将会获得最理想的结果。

学会借用他人的智慧和力量

太极的精髓在于“借力打力”、“四两拨千斤”、“以柔克刚”，懂得借助他人力量和智慧的人，做事效率更高，取得的成就常常会超越他人。牛顿曾说：“如果说我比别人看得更远些，那是因为我站在了巨人的肩上。”一个懂得借力的人，总是能发现有利于自身发展的有利资源和“捷径”，并为自己开拓更为广阔的天地。狐假虎威的故事就说明了这一点。

从前在某个山洞中有一只老虎，因为肚子饿了，便跑到外面寻觅食物。当它走到一片茂密的森林时，忽然看到前面有只狐狸正在散步。他觉得这正是个千载难逢的好机会，于是，便一跃身扑过去，毫不费力地将狐狸擒过来。可是当它张开嘴巴，正准备把那只狐狸吃进肚子里的时候，狡黠的狐狸突然说话了："哼！你不要以为自己是百兽之王，便敢将我吞食掉；你要知道，天地已经命令我为王中之王，无论谁吃了我，都将遭到天地极严厉的制裁与惩罚。"

老虎听了狐狸的话，半信半疑，可是，当它斜过头去，看到狐狸那副傲慢镇定的样子，心里不觉一惊。原先那股嚣张的气焰和盛气凌人的态势，竟不知何时已经消失了大半。虽然如此，它心中仍然在想：我因为是百兽之王，所以天底下任何野兽见了我都会害怕。而他，竟然是奉天帝之命来统治我们的！

这时，狐狸见老虎迟疑着不敢吃它，知道他对自己的那一番说辞已经有几分相信了，于是便更加神气十足地挺起胸膛，然后指着老虎的鼻子说："怎么，难道你不相信我说的话吗？那么你现在就跟我来，走在我后面，看看所有野兽见了我，是不是都吓得魂不附体，抱头鼠窜。"老虎觉得这个主意不错，便照着去做了。

于是，狐狸就大模大样地在前面开路，而老虎则小心翼翼地在后面跟着。它们走了没多久，就隐约看见森林的深处，有许多小动物正在那儿争相觅食，但是当它们发现走在狐狸后面的老虎时，不禁大惊失色，狂奔四散。

这时，狐狸很得意地掉过头去看看老虎。老虎目睹这种情形，不禁也有一些心惊胆战，但它并不知道野兽怕的是自己，而以为它们真是怕狐狸呢！

这里，我们先不评价狐狸的行为恰当与否，不可否认的是，狐狸是聪明的。它之所以能得逞，是因为它假借了老虎的威风。

可以说，一个有远见卓识的人必定也是个善于管理时间的人，在周围的人际关系处理中，他们常常善于发现他人身上的长处，并能够加以利用，协调各方之间的关系，让他人为我所用，借助外力，实现自己的目标。

现代社会，借力生力无疑是避免走弯路、直取成功果实的途径之一。当然，借力不仅是要借助他人的力量，甚至可以借助他人的智慧。当然，可能你会认为，这样做岂不是很功利？可是，哪一段关系能完全摒弃功利呢？生活中，我们经常听到一些人抱怨朋友不讲交情，不够哥们儿。其实，引起抱怨的主要原因就是自己的某种需求没有得到满足，而这种需求何尝不是功利性的呢？人们常常说的那种没有功利性色彩的关系，几乎是不存在的。因此，借助别人之力是一种智慧的表现，我们有必要消除心理成见。

总之，独木不成林，单打独斗并不是明智的方法。那些事业有成的人，除了自身的智慧和能力外，跟他人的帮助也是分不开的。一个人再聪明，条件再优越，也不是三头六臂，也需要借助他人的力量。由此可见，一个人要想成功，就应该懂得借势，而且还要在生活实践中灵活地运用借势。

不会指挥人只能自己干到死

我们都知道，专注与执著是成事的关键。而在职场，一些管理者，他们工作努力，却不懂得如何做好时间管理。事实上，时间管理就是对人的

管理，领导者应找到自己的工作重心，节约时间和成本，提高工作效率。令我们失望的是，不少管理者在工作中总是谨小慎微、忙忙碌碌，他们以抄写发布的文书为重责，自尊自大，亲自去做那些微小琐碎的事情，干涉员工的工作，并不辞辛苦去做员工的工作，以此夸耀自己的才能，却丢掉了那些重大的、长远的事情。实际上，这些人就是不懂得管理之道的人，这样的工作方式多半也是效率低下或者无效率的。

成功不允许三心二意，只有把有限的时间聚焦到重要的目标上，才能保证事业上的成功。目标过于分散等于没有目标，把有限的时间分散到众多的目标上，就像把有限的资金在众多的项目上撒胡椒面，最终只能导致每一个项目都虎头蛇尾、半途而废。如果把宝贵的时间投资都用来建设烂尾楼和半截子工程，最终将使你的时间账户彻底破产，导致你一事无成。

任何一个管理者都要问自己一个问题："我的主要任务是什么？"曾经有人这样回答这个问题："我的工作是把最好的人才放在最好的位置上，将资金在最正确的地方上作最佳的分配。我想大概就是这样：传递理念，分配资源，然后就可以撇开不管了。我的工作就是选出最棒的人，付给他们薪酬……"因此，公司管理层要学会授权，适当放权。一个优秀的管理者，如果能做到人尽其才，有效利用企业的人力资源，那么，这不仅仅能提升企业的竞争力，还能提高员工的工作效率。

乔治·卡特莱特·马歇尔是美国军事家、战略家、政治家、外交家、陆军五星上将，"二战"中他担任美国陆军的总参谋长。他是个知人善任的人，他提拔的那些将官，没有一个是无能懦弱之辈。这些官员在谈到马歇尔时常说："他是最棒的教官，但他的脾气太差了，如果国会要找他前去听证，事情肯定弄得一团糟。"但马歇尔会说："这次的任务是什么？是军团

训练吗？如果他擅长官兵的培训，就让他去完成，我去做其他的事。”

这里，我们发现，马歇尔在授权上的精明之处在于将任务布置得简洁明了。所以，不要每一项决策都由管理者作出，完全可以授权的事不要自己去做，领导者要担当的角色是支持者和监督者。身为管理者，要做到聚精会神、排除外界干扰，并且一次只瞄准一个目标。一项工作一旦启动，就要坚持不懈地坚持，直到获得令人满意的成绩。因为能否完成最后的工作，是决定一件事情最终成功还是失败的关键。很多人之所以没有成功，就是因为在完成工作后以为大功告成而转移了视线，最终导致工作的半途而废，也使宝贵的时间被白白浪费。

在从事管理工作中，无论对于自己还是被管理者，都应该明确工作方向及工作目标，一定要清楚工作的目的是什么，工作重点有哪些，要做什么，怎么做，希望达到什么样的效果，这样做之后是不是真的能得到想要的结果。俗话说“马壮车好不如方向对”，方向错误，再怎么努力都枉然。

高效率地安排下属工作

身为管理者，高效工作的第一步就是学会授权。然而，在日常工作中，你是否发现，对于你安排的工作，要么石沉大海，甚至拖好长时间也不能把交代的工作处理得很好；要么下属总是做不好，需要你不断更正和指点。可以说，员工工作效率低的主要原因之一很大程度上是因为对他们的授权工作没做好。一个企业的兴衰成败因素固然很多，但追根到底无非

“人”的因素。企业管理者在交代下属工作时，不妨多用点时间，准备工作做充分，也是提高工作效率、提高企业的管理水平的重要方面。我们先来看看下面的管理故事：

杨弘是一家上市企业的主管，在他的下属眼里，他就是个“魔鬼”，因为他总是压制员工，甚至希望员工们二十四小时为企业工作。但事实上，这些员工的工作效率并不高。

有一次，公司高层领导为杨弘所在的部门下达了一个任务，要求他们在五一节前策划出一个活动方案。对此，杨弘心想，这是一次在领导面前表现自己实力的大好机会。于是，他召集下属们开会，让大家在三天内交出策划稿。大家都知道，他们又要几个昼夜不眠不休了。

三天后，策划稿交上来了，但质量实在让杨弘不能接受。他百思不得其解，这么强势的管理下，怎么工作效率还是如此低下呢？

这里，杨弘的管理哪里出了错误？很简单，在下达工作命令时，他并没有考虑到下属自身的因素，而是强势地让下属听命于他，这种工作状态下，员工们又怎么会高效率地工作呢？实际上，被尊重、被理解、被关心是人的一种基本需要，无论做什么工作，离开了对人的尊重、理解和关心，都不能取得好的效果。员工们只有感受到被尊重、被理解，才会对企业、对管理者充满感激，也才会主动、积极地工作。

当然，授权最重要的就是将责任明确化，也就是将具体的工作任务安排到每个人身上。比如，某位员工负责生产，某位员工负责质检等，员工责任不明确的现象，是信息不畅通的根本原因，很多问题也就出现了。为此，作为企业管理者，如果想提高员工的工作效率，避免出现一些责任推诿、浪费工作时间的现象，那就应该从明确责任开始，光停留在口头上不

行，还必须要做到以下几点：

1. 建立规范，细化责任

一个管理者布置的任务，有时候，并不是由一个下属去完成。此时，在布置任务时，一定要责任明确，不能有重叠的部分。

要做到这一点，管理者可以通过订立严格的管理制度的方法，以规范员工的行为。这样，每个岗位上的员工都能清楚自己的任务，该干什么，该怎样干，该向谁汇报工作等。

建立合理的规范，员工就会在规定的范围内行事。

2. 不应干涉员工完成任务的方法

作为管理者，你的工作就是分配任务，然后关注员工完成的结果，而不是干涉员工完成任务的方法。

真正的授权便是着眼于目标，并给下属完全的自由。实际上，员工对于如何达到工作目标是有自己的想法的，让他们自己作出选择，才可以增进你与员工之间的信任和相互依赖。

3. 允许下属参与授权的决策

每一项权力在授予的时候，就应该与限制相伴而生，管理者对下属下放权力时，应该把权力范围限制在这一项任务上，而不是无限制的。

那么，下属完成这项工作需要多大的权力呢？该如何衡量呢？最明智的举措便是让下属参与到这项决策中来，让员工自己给出意见。但你还必须注意：人们都是希望自己的权力越大越好，但实际上，这会降低授权的有效性，此时，管理者的把关就显得更为重要了。

4. 使其他人知道责任已经明确、授权已经进行

管理者对下属下放权力，不应当是私密的，而应该让其他人知道，因

为授权的目的是为了完成任务，要完成任务，就必须要涉及其他人。不通知其他人很可能会造成冲突，并且会降低下属完成任务的可能性。

5. 允许失败

任何人的成长、成功都离不开挫折与失败，作为你的下属，也只有在失败中，才能得到锻炼的机会。因此，作为管理者，不要因为员工失败就处罚他们。作为当事人，员工此时已经深感愧疚和难过了，你应该更多地强调积极的方面，鼓励他们继续努力。同时，帮助他们学会在失败中进行学习，和他们一起寻找失败的原因，探讨解决的办法。批评或惩罚有益的尝试，便是扼杀创新，结果是员工不愿再做新的尝试。

向上级请教，在工作中少走弯路

在任何一家企业，身为领导者，都青睐那些做事效率高的下属，也反感那些做事出错的员工。总有这样一些人，他们认为要自己独立完成工作，宁肯自己啃硬骨头，也羞于向上级请教。一件很小的任务，他们常常花费别人几倍的时间，而最终成果未必完美。也有一些人，他们为人谦虚，在接到工作任务时，只要有不懂的问题，就会以请教的姿态与领导沟通。在他工作的过程中，不仅获得了领导的赏识，更重要的是，少走了很多弯路，工作起来比他人更有效率。

可能你也有这样的感触，当你拿着琢磨了很久的一个问题去请教领导时，他居然将问题的解决方法脱口而出。

的确，古人云："三人行必有我师"。任何一个人，都应该向领导学习，他可能存在某些不足，但他的成功，一定是他具备你还没有的特质、工作经验，这就是他能成为领导的原因。作为下属的我们，要学会借用领导的智慧来做事。另外，与领导多沟通，也是防止工作目标偏离的一个重要方面，只顾埋头工作，到头来你的工作成果未必是领导想要的。

可见，如果你想成为一个高效率做事的人，想更快获得工作成果，不妨放低姿态，多与领导交流。

洪堡是德国著名的探险家、自然科学家，是近代气候学、自然地理学、植物地理学和地球物理学的创始人之一，他对生物学和地质学也有很深的造诣，在科学界享有极高的声誉，被当时的人们尊为"现代科学之父"。

尽管如此，洪堡却是一个十分谦逊的人。他尊重别人，从不自满，直到晚年还刻苦学习。在柏林大学的一间教室里，每当著名的博克教授讲授希腊文学和考古学的时候，课堂里总是挤满了学生。在这些青年学生中间，人们常常会看到一位身材不高、穿着棕色长袍的老人。这位白发苍苍的老人也像别的学生一样，全神贯注地听课，认真地做着笔记。晚上，在里特教授讲授自然地理学的课堂里，也经常出现这位老者的身影。有一次，里特教授在讲一个重要地理问题时，引用了洪堡的话作为权威性的依据。这时，大家都把敬佩的目光投向这位老人。只见他站起身来，向大家微微鞠了一躬，又伏身课桌，继续写他的笔记。原来，这位老人就是洪堡。

洪堡曾说过："伟大只不过是谦逊的别名。"他正是这样一位谦逊的伟人。

事实上，无论做什么事，我们都有更为便捷的方法，与那些比我们经

验丰富、文化层次高的人为伍，我们必定能获得益处。

当然，现代社会，我们在选择工作时，目的都不尽相同，有的是为了得到一份获得物质的机会，有的是为了发挥自己的某些个人价值，也有的想以此作为跳板，以便未来有更好的发展，找到更好的工作或者开办自己的事业。但如果你目前还是下属，就必须认清一个形势：如果你不想浪费时间，就要学会与人合作，借助他人之力提高做事效率；而你的上司工作出色，能力强，你可以充分地向上司学习，上司的今天可能也就是你目标中的明天。虚心向领导请教，收获的不仅仅是知识，更是领导的赏识。

周大姐是公司里资历较老的员工，她对专业技能的掌握程度可谓无人能及。不过，正因为是老员工，在单位干了几十年，她的年龄也不小了，对待新事物的理解和接受难免有点力不从心。特别是电脑、互联网的介入，周大姐越来越感觉到自己需要学习的地方太多了。这方面，她最敬佩的就是她的顶头上司刘主任，刘主任虽然和自己年龄相仿，但却是个新潮人。有些时候，对于电脑里出现的单词，周大姐都要向刘主任问一问是什么意思、怎么发音，自己再鼓弄半天，她还像刘主任学习了如何运用软件，将自己的工作档案都存入电脑，管理起来也方便了，现在的周大姐做起事来确实比以前快了很多。

对此，刘主任经常对周大姐说："老周，这些你不必太在意，有事我们会帮你解决的。"

周大姐却总是这样说："不行啊，该我会的东西一定要弄明白，我虽然老了，但我还不想被淘汰。"

刘主任对周大姐的这种态度都很钦佩，还特意表扬了她的这种学习精神。

的确，不懂就问，这不仅是一种良好的工作态度，更是帮助我们提高工作效率的一把利器。那么，向领导请教，我们该注意什么呢?

1. 始终相信上级正确

向上级学习，不是因为他是上级，而是因为他优秀。上级之所以能成为上级，一定有他的过人之处。在一个单位中，上级往往是最大的风险承担者，除了要应对外界的竞争，他们还要打理方方面面的关系。可以说，身为领导所面临的压力是普通员工所无法想象的，从这个角度上说，领导都是最优秀的。单凭这一点，就值得每个人去学习和效仿。而学习，就需要你主动与上级沟通，身处繁忙事务中的上级不可能做到关注每个下属的工作情况；而同时，主动沟通，也体现了你积极上进的工作和学习态度。一般情况下，上级都乐于向你传授经验和教训的。

2. 多倾听

在对方倾诉的时候，尽量不要打断对方说话，大脑思维紧紧跟着他的诉说走，要用脑而不是用耳听。

3. 不要漠视领导对你的期望

如果你还没有得到晋升，那要么就是上司想继续考察你，要么就是你做得还不够。尽一切可能把自己的本职工作做好，不要找任何原因推托、抱怨。

现在我们不妨来反省一下，为什么你不是领导？为什么你的上级总是能在单位时间内处理更多的事情？因为他比我们更优秀，因此，多向他请教吧！

第6章

时间管理思路清晰

——改善应用时间的习惯

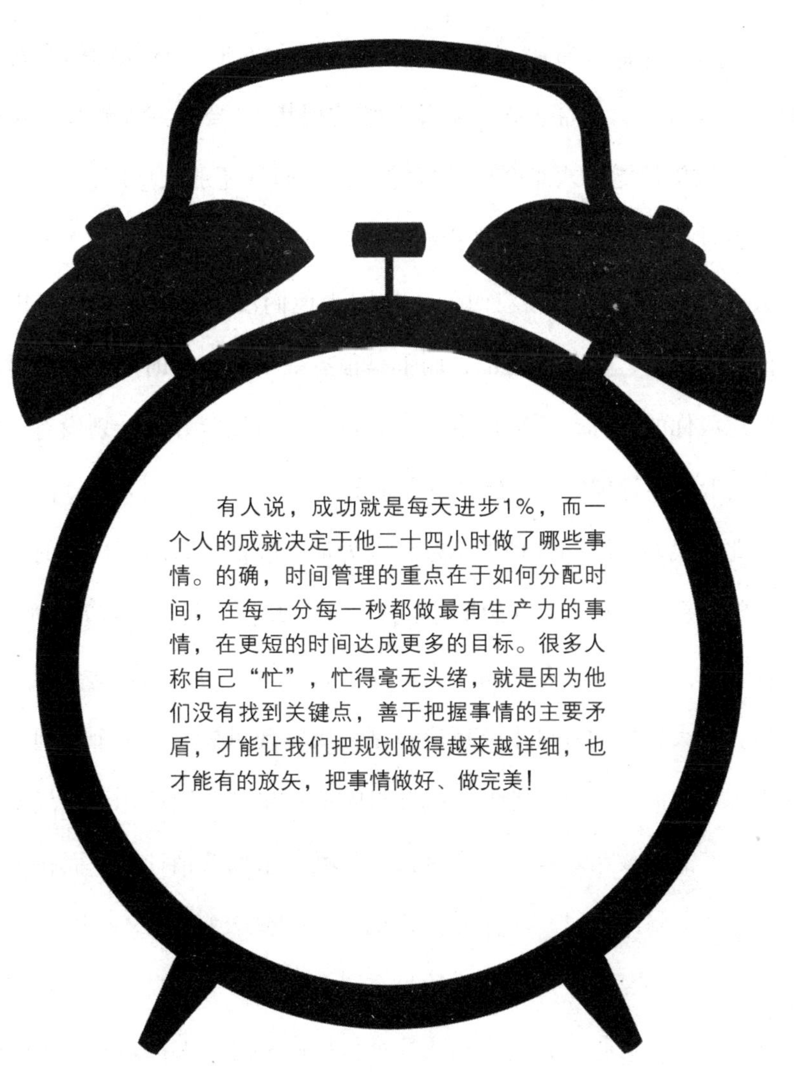

有人说，成功就是每天进步1%，而一个人的成就决定于他二十四小时做了哪些事情。的确，时间管理的重点在于如何分配时间，在每一分每一秒都做最有生产力的事情，在更短的时间达成更多的目标。很多人称自己“忙”，忙得毫无头绪，就是因为他们没有找到关键点，善于把握事情的主要矛盾，才能让我们把规划做得越来越详细，也才能有的放矢，把事情做好、做完美！

制订计划并把握关键几点

生活中，我们经常听到有些人抱怨自己没时间，从他们的抱怨中，我们也能听出他们都希望改变事务繁忙的现状：“要是我能够像××就好了，他好像总是能在八小时内处理完工作，而且还那么悠闲。”“要是我能够控制时间就好了。”“要是我能够有时间做自己想做的事该多好……”这些人之所以总觉得自己没时间，是因为他们没做好时间管理。也就是说，他们虽然忙，但却是瞎忙，而不是很有效率的忙。时间管理的目的是为了要达成你的目标，所以假设一开始目标没有设定好，计划没有拟定详细，事实上时间管理的效率已经不理想了。

因此，很多人时间管理做不好，因为他不够忙。时间管理好的人，第一个现象就是忙，整个人开始忙碌起来，不是瞎忙，而是很有效率的忙。

效率专家们建议，我们每个人，要想管理好时间，都要学会制定目标和计划。在大目标的基础上，还应该制订出实现目标的一个个计划。就连那些指挥作战的军事家，他们在战斗打响前，也都会制订几套作战方案；企业家在产品投放市场前，也会制订一系列的市场营销计划。而在工作和生活中，学会制订计划，其意义是很大的，它是实现目标的必由之路。

事实上，一百个人当中，大约只有两个人能够清楚自己一生到底要什么，并且有一个可行的计划来达成这个目标——这些人都是各行各业中的领导者。

在我们看来，比尔·盖茨大概是全球最忙碌的总裁之一，但事实并非如此。即便从年轻时代开始他就已经很懂得时间的重要性，但在这场与时间的竞赛中，他总是知道如何全力以赴，并且，他一直做得游刃有余。

他是个追逐时间的人，每天他的工作都有可能为全世界的人带来便捷，他曾经归纳出自己在时间管理上的三大经验。

其一，目标明确。读书时代，他就深知电脑和信息时代即将到来，他找到了自己的梦想，并且为自己制订了工作目标，详细规划除了工作进度，并且义无反顾地努力逐梦。

其二，集中焦点攻击。比尔·盖茨将自己的精力及时间全部投注在电脑科技的研发上，集中焦点猛烈攻击，所以能在短时间内缔造惊人的卓越成果。

其三，简化工作内容。比尔·盖茨专心经营他的软件王国，他大幅简化工作内容，使自己可以心无旁骛地专注于本业上。工作的简化让他能专心思考，大幅减少无谓的时间浪费，从而获得关键性的胜利。

盖茨的时间管理经验也告诉我们，奋斗目标越鲜明、越具体，越有益于成功。一个登山运动员之所以能征服高山，是因为顶峰这个目标时刻在他们心中。一个成功者之所以能取得成就，也是因为他们心中固守着一个目标。

那么，生活中的人们，我们又该怎么做呢?

1. 要为目标设定一个可以做到、同时又有一定挑战性的期限

比如，如果你的目标是写一本书，但是你并没有给自己一个期限，那么，你就会无限制地拖延下去，直到生命的终结。而如果你给自己定一个期限，比如一年，或者两年、三年，那么你就会按照这个期限来约束自

己，在规定的时间内完成任务。

当然，我们所设置的这个期限需要有一定的紧迫性，才能鞭策我们；但同时还得合理，任何一件事的完成都不可能一步登天。

2. 将你的目标切割、划分

很多人都有个缺点，那就是理想化。比如，他们会幻想灰姑娘与王子的故事，会幻想财富从天而降等，他们在制订人生规划与学习计划的时候，偶尔也会有点好高骛远，但不能奢望一口吃成个胖子，一锹挖好一口井。比如你现在月薪是2000，你就不能奢望一下子涨到20000，那是不切合实际的。你可以设定到3000、4000，然后慢慢地接近10000，最后达到20000。

这就是一种将目标切割的方法。凡是长远的目标都需要较长时间来完成，且有一定的难度，如果开始你只照着这个长远目标努力，短时间内不会收到成效，这会挫伤你的积极性。所以要把长远目标分解成无数小目标，这样更容易达成。每天都进步一点，可以鼓励自己，提高自己的积极性，向终极目标又迈进了一步。

3. 不断总结问题

任何事干起来都会遇到或多或少的困难，在制定目标时，不妨把可能出现的困难加以例证，对困难先有一个心理准备，做一些必要的防范，在真正碰到困难时才不会手忙脚乱。当然，很多困难都是无法预知的，最关键的还是要有战胜它的决心，以积极的心态想方设法去解决，才会让事情有转机。

总之，如果你在年轻时，没有一个明确的长期目标，那么现在，就一定要及时为自己的幸福人生规划一张蓝图。把自己最大的梦想标在最顶

部，再从下往上，把你每个年龄阶段要做的事情，要实现的小目标，都标注出来，然后按照这个线路图一步一个脚印地前进，总有一天，你会登上成功之巅！

记录并整理“每日备忘录”

生活中的人们，相信每个人都有在公共场合听演讲的经历，但即便演讲者多么慷慨激昂地演讲，可能事后我们依旧一脸茫然。例如听完一场长达九十分钟的演讲之后，内心或许会感动地大声说道：“哇！真是一场精彩的演讲！”但是真正留在记忆里的，很可能就剩下不到一至二成了。这是因为人的记忆能力是有限的。因此，为了避免忘掉某些事物，人们会选择记备忘录。备忘录的功用，可以说是为了自己方便。对于每天忙于工作和生活的人们，如果整天战战兢兢地去回想待办事项，有哪些重要的事或尚未处理的事，这是错误的方法。

事实上，大部分的时间管理达人们都已经把“每日备忘录”当成一种有用的工具，并逐渐养成了一种生活习惯。为了让备忘录真正起到作用，你也要养成一种习惯，把你能想到的、现有的想做或计划立即做的，以及将来要提及的事情都记录在上面。每日备忘录只是一种帮助记忆的手段，几乎每个人都会用这种方法提醒自己要做许多事情。

当然，要让备忘录起到有效的提醒功能，不能简单地将事件记录下来，而是要学会如何做备忘录以及运用它。你可以把写下来的备忘录分阶

段放在纸袋或信封中按序排好，每天养成好习惯在固定时间和位置拿出来检查一番，这样就能让所有事情井井有条。

巧妙运用“每日备忘录”，还需要我们从以下几点努力：

1. 按时间分段分装备忘录

你可以选择一些大信封、卷宗、档案夹、抽屉或者盒子来做每日备忘录。可以按照日期，比如，从1号到15号的放在一起，15号到月底最后一天的放在一起，并按照日期将它们编码。

2. 养成在固定时间查看备忘录的好习惯

要想真正让备忘录对你的工作和生活起到积极的作用，最好养成习惯，每天早上去看看自己记了些什么事情。

比如，如果你决定下周三去会见一个重要客户，那么，你不妨在备忘录的日期上做个记号。要是这项活动被安排在早上，那么可以在周二的地方做个记号提醒明日需要早起，然后再移到周三，以便再提醒一次。

又比如，你是一名律师，你在15号上午有案子要开庭审理，必须携带一些非常重要的资料。那么把这些文件放进“15”号的文件夹里，并在上面著名案件审理是几号庭、对方律师的姓名等。

再比如，你每月都要缴2000元的房贷，那么不妨用付款单或其他东西来提醒自己，早早做好准备按月按时缴纳。

也许你偶尔会忘记开会或一时找不到资料，可是只要每天早上检查每日备忘录，你就不会忘掉它们！

读到这里，相信你大概明白为什么从前的你总是文件堆满办公桌，总是手忙脚乱了吧。把你每天使用的文件按照日期的编排放到相应的文件夹里，你就可以在往后的工作中顺利找到并审阅它们。

3. 意想不到的备忘录大用途：节省时间、理性消费、发散思维

只要你每天早上花费一些时间打开当天的备忘录，就能顺利地找到你想要的文件。你会因为做事有计划、按部就班而节省大量时间，做事效率也会因此提高很多。节省下来的时间，你就放到其他事情上，比如，和爱人约会、和家人共享天伦、运动健身等。

通过这个方法，你也能获得进步和成长。只要你找到最近的活动，就能发现自己是否有停滞不前的或者努力的记录，结果可能引导你走向新的目标和方向。

另外，因为每日备忘录是一种对时间的管理，更能帮助我们有计划的做事、生活，因此，它还能抑制冲动，让你明智地作出判断。比如说，这天，你上网看到一款十分抢眼的包包，但是你本月还得缴纳购车贷款，按照你的财务计划，你只能在20号以后才会有多余的资金，此时，你不妨把购买包包的计划装进信封，然后把信放在截止期限前一个星期的备忘录里。当时间到了的时候再看表格，也许这个时候你就不觉得它像上次那样吸引你了。

备忘录的另外一个作用就是激发我们的思维。也许就在昨天，有人询问你关于某件事的看法，这个时候你不用凭空臆测，只要把当下所产生的想法表达出来就可以。隔天，把对这个问题的答案写在每日备忘录上。当后来你再翻看备忘录时，不妨忘记那个答案，对这件事再重新进行评估和判断。这样做了之后，你会惊异地发现，自己曾经做过多少仓促决定，从而再次深度分析总结这次事件，让思维产生出新火花。

总之，面对纷杂的工作和生活，如果我们能善用备忘录，那么，一切将变得井井有条！

及时记录你的灵感和点子

成功的人都是利用时间的高手，甚至他们的每一分钟都得到了有效利用。时间管理的重要性也越来越被人们发现。无论是企业管理者还是普通职员，都开始学习如何管理时间这一门技能。

当然，每个人的工作方法不同，对时间的利用情况也不同。为了帮助我们更高效地工作和生活，人们会选择一些辅助工具。对于销售人员来说，他们可能认为会见客户带上名片最重要；珍惜时间的人应该带上手表；导游可能会随身带着一张地图；而财务工作者可能觉得计算器才能带来安全感。事实上，无论你从事的工作内容是什么，都至少应该随身携带纸和笔。这两样东西可以在任何情境下发挥作用，让工作变得快捷又高效。

澳大利亚的科学家曾说过这样一句名言："新想法常常瞬息即逝，必须努力集中，注意牢记在心，方能捕获。一个普遍使用的好方法是养成随身携带纸笔的习惯，记下闪过脑际的独到之见的念头。"中国人也常说"好记性不如烂笔头"，也就是说，我们的大脑对灵感、思维方法的记忆能力是有限的，此刻的你可能正为一个一闪而过的念头而感到欣喜，但很有可能在下一秒它就不存在了。而它如果能被记录下来，就能成为永恒。

那么，通常在什么情况下，我们需要带上纸笔，又该记录什么呢？

1. 出门办事时带上纸笔

即使你是一张活地图，你也有没有到过的地方；即使你记忆力超强，你也不可能记下每一个电话号码。出门办事，带上纸笔，能为你减少很多麻烦。

2. 无论何时何地都能记录灵感

不管你在哪里，公交车站、地铁、快餐厅还是卫生间，你都可能会有一闪而过的灵感，这个时候有了纸和笔，就可以把这些灵感都记录下来了。

3. 和别人交谈时带上纸笔

与你交谈的对方未必能全部理解你的意思，此时，对于语言难以尽情表达的东西，也许那么在纸上随手画下一些示意图会让对方更容易理解你要表达的意思。

4. 需要介绍却没有名片时

如果你平日里不用名片，或者你的名片正好用光了的话，那么，在自我介绍的时候，为了让对方对你这个人有更清晰的了解，你可以写一下有关你自己的信息。

5. 做有价值的会议记录

无论你的开会是否是走过场，随手带上纸笔对你都有好处。如果领导在会议上传达了重要的精神，那么，记录下来会帮助你开展接下来的工作，这对领导也是一种尊重。如果这是一场可有可无的会议，那么，你可以随便涂鸦，进而打发时间。

6. 记录有用的谈话重点

和你谈话的对象如果是你的上司、老板，或者是你的合作伙伴，记录一些谈话内容，都能让他人感受到你的严谨、真诚，给人以诚信感。

7. 便于记录事情贴在周围

忙碌的工作是不是经常让你丢三落四？你有没有在电脑显示器或者办

公桌上贴标签的习惯？如果你有这个习惯，那么，相信你的办事能力一定差不了。

现代人讲究的是方便、快捷，为此，在纸笔的选择上，我们大可不必像古人那样随身携带笔墨纸砚那么一大堆东西，甚至不用担心笔记本太厚重、墨水会弄脏衣服，因为很多办法可以让你轻松携带纸和笔。

（1）企业内部一般会派发一些小巧的商务记事本，体积都很小，非常适合随身携带，而且脊背处还有供你插笔的小袋子。

（2）在你的名片夹内就能放好几张小便签纸，还有空隙放下小巧的圆珠笔。

（3）著名的瑞士军刀有仅厚0.3厘米的卡片系列，里面有笔，你也可以塞几张叠好的纸在卡套里。

（4）如果你是一位女士，想必你的包包里一定有化妆包吧？那么也可以把便笺纸跟吸油纸放在一起。

（5）使用小线圈本，那些线圈可以把笔固定起来，避免纸笔分散。

总之，好的习惯会让我们节省很多时间，随身携带纸笔并养成习惯，定能让工作和生活免去很多麻烦。

自我反省，寻找可以改进之处

人都是群居动物，并且，每个人每天都要为生计奔波，都要面临繁重的工作压力。我们常常需要周旋于各种应酬场合中，似乎很少静下心来，

思考人生，思考自己，为此，一些人总是停滞不前。时间管理者从不浪费一分一秒，他们更懂得从反思中寻求进步。苏格拉底说“未经省察的人生没有价值。”德国诗人海涅说过：“反省是一面镜子，它能将我们的错误清清楚楚地照出来，使我们有改正的机会。”没有反思的人生很可怕，有了反思的人生沉重。但你若要摆脱自己的稚嫩，要拓展新天地，甚至索求生命的意义，又处在当前快速运转的世界里，即使流俗里的现实也逼你沉思。晚年的巴金直面自己，反思与追问中得来对当代中国产生巨大影响的《随想录》。

反思伴随人的一生，学会在日常生活中经常反思，并形成习惯，那么，你会受益一生。

爱因斯坦小时候是个十分贪玩的孩子，他的母亲常常为此忧心忡忡。母亲的再三告诫对他来说如同耳边风。直到16岁那年的秋天，一天上午，父亲将正要去河边钓鱼的爱因斯坦拦住，并给他讲了一个故事，正是这个故事改变了爱因斯坦的一生。

父亲说：“昨天我和咱们的邻居杰克大叔去清扫南边的一个大烟囱，那烟囱只有踩着里面的钢筋踏梯才能上去。你杰克大叔在前面，我在后面。我们抓着扶手一阶一阶地终于爬上去了，下来时，你杰克大叔依旧走在前面，我还是跟在后面。后来，钻出烟囱，我们发现了一件奇怪的事情：你杰克大叔的后背、脸上全被烟囱里的烟灰蹭黑了，而我身上竟连一点烟灰也没有。”

爱因斯坦的父亲继续微笑着说：“我看见你杰克大叔的模样，心想我一定和他一样，脸脏得像个小丑，于是我就到附近的小河里去洗了又洗。而你杰克大叔呢，他看我钻出烟囱时干干净净的，就以为他也和我一样干

干净净的，只草草地洗了洗手就上街了。结果，街上的人都笑破了肚子，还以为你杰克大叔是个疯子呢。”

爱因斯坦听罢，忍不住和父亲一起大笑起来。父亲笑完后，郑重地对他说：“其实别人谁也不能做你的镜子，只有自己才是自己的镜子。拿别人做镜子，白痴或许会把自己照成天才的。”

的确，正如爱因斯坦的父亲所说，我们只能做自己的镜子，照出真实的自我。那么一个人应该怎样反省呢？

事实上，反省无时无地不可为之，也不必拘泥于任何形式，不过，人在事物繁杂的时候很难反省，因为情绪会影响反省的效果。你可在深夜独处的时候反省，也就是在心境平静的时候反省——湖面平静才能映现你的倒影，心境平静才能映现你今天所做的一切！

当然，真正有效的反省都是在头脑清醒的情况下进行的，正如哲学家尼采所说的：“不要在疲惫不堪的时候反省自己，这并非因为你冷静地反省了自己，你只是累了。在疲劳时进行反省，乃是郁闷设下的陷阱。”他这句话的含义是，一个人在结束了一天的生活和工作后，会不由自主地回顾当天的生活。此时，你会关注自己和他人的行为，就会从中发现一些令你不愉快的部分，你就会变得郁郁寡欢，这种情绪的产生可能是因为你认为自己是无能的，你也可能认为他人是可恨的，那最终，你会伴随这样一些负面情绪睡去。很明显，此时的反省不是有效的，你只是疲惫了，此时，你该做的就是休息，等身心放松了再进行反省，你会更平和地看待问题。

至于反省的方法，则因人而异。有人写日记，有人则静坐冥想，只在脑海里把过去的事放映出来检视一遍。不管你采用什么样的方式，只要真

正有效就行。自省也不能流于一种形式，每日看似反省，但找不出自己的问题，甚至对错不分，那就很值得注意了。

那么，我们每天又应该反省些什么呢？是不是专门跟自己过不去？不！以下几个方面就值得你去自省：

（1）人际关系。你今天有没有做过什么对自己人际关系不利的事？你今天与人争论，是否也有自己不对的地方？你是否说过不得体的话？某人对你不友善是否还有别的原因？

（2）做事的方法。反省今天所做的事情，处事是否得当，怎样做才会更好……

（3）生命的进程。反省自己至今做了些什么事，有无进步？是否在浪费时间？目标完成了多少？

如果你坚持从这三个方面反省自己，那一定可以纠正自己的行为，把握行动的方向，并保证自己不断进步。

一个具备反省能力的人一定要具有自我否定精神，就是要勇于认错。每个人都会有错误和缺点，有了错误，主动接受批评和自我批评，认真反省自身缺点，从而不断改进自己、升华自己。反省是心灵镜鉴的拂拭，是精神的洗濯。反省的过程就是一个人心智不断提高的过程，是一个人心灵不断升华的过程，也是我们对所遵循的标准不断反思和不断提高的过程。

反思自己是一件痛苦的事情，会反思是一种智慧。时间卷着生命之弯或者是第一次深邃地摆在了年轻人面前，年轻的反思者更是要拉紧豪放不羁的思绪缰绳，反思才更具有现实意义和开启未来之功用，否则，反思也只是信马由缰，重新跌进雾里。

你有反省的习惯吗？趁早培养吧，它能修正你做人处世的方法，给你

指引明确的方向……而且，它不是让你在众人面前进行自我检讨，也不会让你花一分钱，那何不为之！

盯点观面，做事之统观全局

生活中，细心的人们，只要你留意，就能经常看到这样一些人，他们整天都像风一样从这个地方到那个地方，他们什么事都要做，即便在两件事的空当时间，他们也不能休息，可是到头来却发现，他们似乎什么都没处理好，还是一堆烂摊子，陀螺般地转了半天还在原地没有动弹。一事无成不说，连最基本的生活也打理不好，事业没做成，家人没顾上，朋友也没怎么联系，连运动也很少做……细究起来，这些人之所以会忙得毫无头绪，就是因为他们什么都想抓住，只关注事情的“点”，而没有从全局的角度把控事情。事实上，善于管理时间的人都有战略性的眼光，在做事之前都会通观全局，进而做到游刃有余地管理时间、进行工作。

这是一个真实的故事：

胡先生是深圳有一家小公司的总经理。金融危机期间，他的小公司不但没有倒闭，反而业务量聚升。这一点，让很多同行产生了巨大疑问。

一次和朋友聚会时，席间一个同行经销商谈到他们的业务主要在深圳和珠江三角洲一带，金融危机对它们企业的影响很大。

“您的公司企业如何？”

胡先生说："受到美国金融风暴影响海外订单确实减少，不过因为内地客户受金融风暴影响小，反而通过网站为企业带来了稳定的订单。"

这位经销商豁然开朗，要求看看胡先生的网站是个什么样子。由于这家公司是生产连接件产品，该产品比较细小，他们便在对网站策划时特别增加了产品放大镜功能，能帮助访问者更加详细了解产品的细节。在使用恰当的推广方法后，网站为胡先生的公司带来了理想的业务量。

在人人自危的金融危机期间，胡先生的小公司为什么能岿然不动？这得益于他有效地利用了企业网站和网络营销。可以说，胡先生就是一个懂得在大形势下总揽全局的人，可以说，他的做法能为其他企业指明新的发展道路。

可见，做任何一件事，我们都应该学会用战略的眼光看问题，树立战略观念，才能让我们从大处着眼，才能避免"眉毛胡子一把抓"的问题。所谓战略就是指重大的带有全局性或决定性的谋略。战略观念的核心问题就是如何处理长远利益和眼前利益、局部利益和全局利益的关系问题。正确的战略观念来自实践，事物是不断发展的，所以战略观念离不开发展。战略观念和"因循守旧"、"不求进取"，是相互对立的。

事实上，人们常常一叶障目、做事没重点，主要是因为以下三点原因。

（1）喜欢以经验代思考：尤其是遇到有前例之事时，他们往往欠缺考虑，这一方法偶尔可以帮助他们躲过问题，但也有失灵的时候，有那么一天，你的经验可能是错误的。

（2）方案甚多、必须择其一时，欠考虑：一连出现好多方案，看来，每个方案都有其可取之处，于是，他只好随便选择一个。

（3）时间紧急时，草草作出决定：遇到此类非常状况，他已经没有时间再找出前例，必须果断作出决定，向部属有所指令。如果缺乏这种能耐，就会招来措施不对、混乱更大的结果。

一般情况下，不能作出正确的判断结果的人，多半原因都是无法站在广泛、全局的角度去判断一件事。

我们要提高战略思维能力，树立全局观，应注重抓住以下几个问题：

1. 注重理论武装，以丰富的理论修养与知识素养作支撑

很难想象，一个没有理论思维的人能总揽和驾驭全局。而提高理论思维能力的根本途径就是学习，要通过学习强化知识武装。

2. 注重信息扩展，开阔想问题、做决策的眼界和空间

在当今知识、信息大爆炸的时代，信息已成为最重要的战略资源，它可以被提炼成知识和智慧，因而在战略问题的研究中越来越具有突出作用。我们要对事关全局的重大问题进行战略思维，必须以了解和掌握大量的信息为前提，这样方可开阔眼界，启发思路，作出具有远见卓识的行动决策。

事实证明，一个领导了解、掌握的信息量越大，知识面越广，思辨鉴别能力就越强，工作就越来越能得心应手、应对自如，从而真正做到讲政治、谋大局、抓大事。

3. 强化全局观念，培养凡事谋全局的思维习惯

树立全局观必须一事当前想着全局，思考问题、筹划工作，应依据全局的方针、政策、原则指导局部，切实吃透上头的，摸清下头的，形成自己的，创造性地抓好落实。坚持局部服从全局，在培养凡事谋全局思维习惯的同时，要注重谋略锻炼。

4. 强化求真务实，在实践中确立全局观

“没有调查研究就没有发言权”、“没有调查研究就没有决策权”这两句话，充分说明了一个人如果不知道、不重视实践就会在战略上丧失政治主动权。鉴于此，做事前必须通过各种途径和手段力争了解和掌握多方面的信息。

总之，我们若想成为时间的主人，不“瞎忙”的话，就要提高战略思维能力，同时，它还能帮助我们解决很多实际工作和生活中的问题。

统筹兼顾，做好事情之间的协调

现代社会，任何一个人，都在为实现高效率的工作而努力，而实现高效率的方法之一就是统筹兼顾，搞好事情之间的协调。所谓统筹兼顾，就是要求我们在工作中做到总揽全局、协调各方、统筹规划、兼顾全面，充分调动一切积极因素，妥善处理各方面关系。不得不承认，越是善于管理时间、越是做事效率高的人，他们越是有“一心几用”的本领，他们总是可以同时处理几件事。而很多人面临的情况是，他们总是面临着工作与家庭、要事与急事、人际关系等各个方面的冲突，甚至被这些冲突弄得焦头烂额。而我们若想解决这些冲突，除了前面所提到的四象限法则之外，还必须学会统筹兼顾的根本方法，努力解决工作和生活中不够平衡、不够协调、不够全面的问题。我们先来看看下面一个管理故事：

李主任是一个小领导，一直以来都是做运营管理，但最近，公司有

提拔他的意向，于是，公司希望他能同时兼顾店铺员工销售技能、产品知识，以及如何提高员工的士气等方面的培训。事实上，李主任也一直对培训方面比较感兴趣，但如何管好这两个方面，李主任实在头疼。后来，李主任不得不求助于自己从事培训工作的朋友。

朋友对他说："公司能够重视培训是很好的事情。一线员工是销售业绩的重要建设者，而培训是先行兵。

在培训实施方面，首先要调整员工的心态和士气，可以从企业文化宣导和团队建设活动入手。与销售管理者进行沟通，了解员工的实际需求后，针对所显现出的问题进行有针对性的培训解决方案，建立长期的销售培训机制。

而在培训员工前，你先和基层员工开个研讨会，让他们反映工作中遇到些什么问题，例如对产品功能特性有哪些不清楚的，客户异议，与对手的产品对比有哪些优劣，怎样实施奖励提高士气等。大家畅所欲言，你自己千万不要闭门造车。你收集好资料后写一份培训大纲，让领导批示后就开课。"

听完朋友的指导，李主任豁然开朗。

现实的工作中，可能很多人和李主任一样，需要做的并不仅仅是某个方面的工作。事实上，如果你是一名企业的管理者，那么，你所涉及的工作明显会更多，管理的组织越大，管理层级越多，越要懂得领导和管理的艺术。处于高层的领导者不仅应集中精力把握战略性问题，还要做好用人问题和对工作进程的督查，除此之外，还要做好深入基层了解情况这一不定期的非经常性的工作。可见，一个领导只有做好各方面的工作，才能履行好自己的职责，抓好本职工作，给下属树立表率作用。

事实上，任何一个人，都要有统筹兼顾事情的本领，再以家庭主妇为例，她们不仅要做家务、教育孩子，还要照顾家里人的生活起居。在同一时间内，她们通常要做几件事，这就需要她们懂得合理安排。比如，早上可以在送完孩子的路上去买菜，在孩子睡着了的情况下洗衣做饭……

一个善于管理时间的人，不但知道要做哪些事，还知道在什么时间做什么事，如何将所有的事都做好，如在推进一项工作时，他们明白应该抓的是方向、是目标、是结果的考核。即干什么、要达到什么样的结果，而对于怎么干，具体有什么实施步骤，以及与其他事件之间的冲突该如何解决，都要做到心中有数。我们再来看下面的一个故事：

王刚是某公司财务部主管，承担着这家公司所有的收账入账问题，每天需要面对的是大大小小的数目，工作极为繁琐。但即使如此，面对上级和下属们的各种问题，他都能做到小心应付。

一次，他正被公司的账目问题弄得焦头烂额时，会计小刘敲门进来，对他说："有些外债需要清偿，对方催得很紧，你看怎么办？"

王刚调整了下心情，对小刘说："我们应尽快增加收入。每个人都应负起还债的责任，债要尽快给人家清偿。你觉得还有什么办法？"听到主管这么说，小刘知道，考验自己的时刻到了。

案例中，王刚对下属说的话就是弹性语言。领导者这样说话，不仅为自己思考决策争取了时间，同时，也能为部下留下一次解决问题的余地。

实际上，有效地利用时间是一种人人都可以掌握的技巧。在效率高的人的字典里，是不存在"没时间"这个词的。而如果你跟很多人一样，也是因为"太忙"而没时间完成自己的工作的话，那请你一定记

住，在这个世界上还有很多人，他们比你更忙，结果却完成了更多的工作。这些人并没有比你拥有更多的时间，他们只是学会了如何统筹兼顾时间而已。

集合听众，同样的事情一起说

许多的时间管理者都已经意识到生活中哪些琐事浪费了时间，他们正在力求简化这些琐事，但他们没有意识到的是，即便工作，也可以对其进行简化，进而达到优化管理的效果。你是否曾有这样的经历：如果你是一名领导，你交代下属小王去执行某个任务，但他需要小李的配合，于是，当小王从你的办公室离开后，你又把小李叫进来，同样的事说了第二遍；这个周末晚上，你想邀请一些同事去参加你的生日派对，于是，你一个个地给同事打电话；你是一名秘书，你的老板让你在本周三邀请几个客户开一个会议，于是，你一个个地预约，到最后，大家的时间还是无法统一……其实，你是否有更节约时间的方法呢？你可以把小王和小李同时叫进办公室，交代同一件任务；邀请同事参加你的派对，你可以在上班前，当大家都到达办公室的时候，花几分钟时间通知即可；预约客户，可以和其他客户的秘书建立一个网上联络方式，比如秘书群，这样，几步就完成了你需要完成的工作。

的确，善于管理时间的人总是能在最短的时间内做最有效的事，因为他们从不盲目做事，而是先进行规划。那些偶尔做时间规划或者从不规

划的人，他们往往没有一个清晰的目标，他们甚至根本不知道自己要做什么。他们通常对结果不满意，认为它们根本不值得自己付出那样的努力。于是他们开始相信自己并不善于进行规划，并最终放弃作出进一步努力。

规划的本质是将未来带到现在，这样你就可以通过现在的行为对未来产生控制。也就是说，规划是为了化繁为简。

这正如人们常说的读书“先要把书读厚，再要把书读薄”，其实，时间管理工作也像读书，将繁琐的事情简单化，你也就能节省时间，提高效率。

对此，我们先来看看下面这样一个故事：

有这样一个有奖征答活动，题目是：一次，三个人一起坐热气球旅行，这三个人都是关系人类命运的科学家。第一位是核子专家，他有能力防止全球性的核子战争，使地球免于遭受灭亡的绝境。第二位是环保专家，他可以拯救人类免于因环境污染而面临死亡的厄运。第三位是粮食专家，他能在不毛之地种植粮食，使几千万人脱离饥荒而亡的命运。但旅行到一半旅程，却发现热气球充气不足。热气球即将坠毁，必须丢出一个人以减轻载重，使其余的两人得以存活，请问该丢下哪一位科学家？

因为奖金数额庞大，征答的回信如雪片飞来。每个人都竭尽所能地阐述他们认为必须丢下哪位科学家的见解。最后，结果揭晓，巨额奖金的得主是一个小男孩。他的答案是：将最重的那位丢出去。

我们在赞叹小男孩的答案时，也不难得出这样一个结论：任何复杂的现象，其复杂的也只是表面，其实都有一般性的规律，都可以找到简单的分析、处理方式。这就是化繁为简的过程，这个过程需要找寻规律，把握关键。同样，管理时间也需要化繁为简，当然，简单管理不是粗糙管理，

而是找到规律，形成自然秩序。

因此，时间管理专业人士告诉每个苛求高效率做事的人们，要想节约时间，就要在时间的规划中投入精力。如果你想让众人知晓同一件事，那么，你可以集合听众，只说一遍。

有这样一位银行家，他能够很好地控制自己的工作时间，有了新的投资项目，或工作变动，他都会开会通知大家。他也喜欢开家庭会议，无论是孩子的教育还是家里的经费开支。因此，他的家人和下属们都给他起了一个绰号“会议先生”。

事实上，他是个成功者，他每天只工作六个小时，他比其他业内同行有更多的时间跟家人一起乘游艇出海。通过仔细规划自己的时间，他开始越来越善于接手新的项目，并开始把自己的日常工作很好地与长期目标结合起来。

当他被记者采访有何工作经验时，他曾说：“一名优秀的时间规划者，从来不在同样的事情上浪费过多的精力。”

从这名银行家的话中，我们也能得出一点：盲目做事只会浪费时间。集合听众，同样的事情只说一遍，能让我们节省很多精力。要做到这一点，还是要回归到时间规划的问题上。

大多数人都不大喜欢进行规划。他们大多是在万不得已的时候才去进行规划：或许你感到最近的工作堆积如山，你不得不进行规划；或者你有一段很长的假期，你无事可做，想好好规划一番。这样的规划固然能帮你达到一定的目的，但在被迫而没有形成习惯的情况下采取规划时间，那你很可能并没有使规划发挥出真正价值。

总之，真正高效的、简单的运作才是有意义的，也是符合时间管理原

则的。因此，你需要把复杂的问题简单化，在多类矛盾中驾驭主要矛盾，以提高效率。

善用“恰当的时机”，让自己备受欢迎

有人说，一个人之所以成功，时间管理是非常重要的关键因素。的确，如果我们想要成功，就必须让我们的时间管理做得更好。要把时间管理好，最重要的就是做好以结果为导向的目标管理。我们毕竟是社会的人，成功与否，不仅与我们自身有关，还与我们周围的环境有关，得道多助失道寡助，一个左右逢源的人总是能如虎添翼。因此，效率专家建议，一个人不仅要善于利用内在巅峰时刻，还要善用外在巅峰时刻。这里，所谓的内在巅峰时刻，指的是利用自己精神最好的时刻来做重要的事情；外在巅峰时刻是指与别人接洽时要掌握别人最有空的时段。

也就是说，我们除了要珍惜自己的时间外，在与他人接触时，更要把别人的情况考虑在内。我们先来看下面一个故事：

鲁飞是一名保险推销员。最近，他通过调查，某大公司董事长张先生在市郊购买了一套别墅，还没有上保险。这天，鲁飞来张先生家推销保险。可是，却遇到了这样的事情：

张先生有个七岁的儿子，很调皮，父母出门后，让他在家看电视，可是回来的时候，却发现小家伙不见了，这可吓坏了张先生和他太太，于是开始分头寻找。他们还报了警，郊区本来就很大，找个小孩更是很难，但

还好，警察和周围的一些居民也开始帮忙寻找。

鲁飞看到这一幕，认为这正是推销人身和财产保险的时候，于是他凑到张先生跟前，开始推销他的保险，当时张先生很生气，没好气地说："拜托，等我把儿子找到再说好吗？"

谁知，鲁飞很不识时务，不但没有帮助张先生找孩子，反倒继续喋喋不休地大谈保险的种种好处。这下可把张先生气坏了，他太太更是生气，张先生忍无可忍地对鲁飞大吼："你如果肯帮忙把我儿子找回来，那么保险业务的事情咱们日后找个时间再谈。但是，我警告你，你现在要是再跟我提什么见鬼的保险业务，就请你先滚出去！"推销员鲁飞被客户张先生说得面红耳赤，夹着公文包灰溜溜地走了。

事后找到儿子的张先生越想越生气，甚至开始痛恨这个根本不关心别人安危，只知道推销保险的鲁飞。当他打听到鲁飞的底细后，由于好歹在商界有一定的名声，他跟很多经理和老板打了招呼，绝不买鲁飞推销的保险，这下鲁飞的业务就可想而知了。

这则故事中，销售人员鲁飞为什么会销售失败，而且还被客户拉进了黑名单？这是因为他在推销前，只顾着自己的工作，希望获得好的推销结果，却忽视了此时心急如焚的客户，依然喋喋不休地推销产品。推销的时机不对，自然无功而返。

可能有些人会产生疑问，那么，我们该如何利用外在巅峰时刻呢？具体来说，我们需要考虑以下几个问题：

1. 了解对方的时间安排再做抉择

赵云是某公司的客户服务部职员，这天，他按照安排对一个客户进行电话回访。电话很快拨通了。

“您好，能否打扰您一下，我是××公司的销售员，以前贵公司买过我们的产品，现在想做一个使用调查，占用您一点点时间就够了，不知是否可以？”

“不可以！你没看见我正忙着吗？真是的，刚才老板还打电话来催，怪我没有及时把报表送上去。我没有时间，你改日再打吧。”

这位客户为什么会拒绝赵云？很简单，因为他没有选对拜访的时机，此时，客户正处于忙碌状态，根本没有精力与销售员沟通。

事实上，无论出于什么原因与他人沟通或接洽，选择合适的时机，取得的效果就会好得多。

那么，我们该如何来选择恰当的时机呢？

事先对对方大致的时间安排进行充分了解，可以有效避免尴尬局面的发生。而如果掌握足够的信息，我们就能了解对方什么时间工作，什么时间休息，也就不会打扰到对方。

因此，我们在与他人接洽前，一定要事先做足准备工作，比如，要对对方的职业进行一番了解，因为一般情况下，每个人的时间安排状况是和他的职业有一定的关系的。

2. 等对方忙完再说

在日本，上午，家庭主妇多忙于打扫与洗衣服，这时候，她们多半不欢迎推销员，而有空闲应付推销员的时间大约是下午四点钟，这时正是婴儿午睡的时间。

大吉保险公司的川木先生只要看到某户人家晒着尿布，就不会轻易按门铃，只是轻轻敲门，以示访问之意。当主妇前来开门时，他会用最小的声音向一脸狐疑的母亲说：“宝宝正在睡午觉吧？我是大吉保险公司的川

木先生，请多指教。4点多的时候，我会再来拜访一次。”

如果你是故事中的主妇，你会忍心拒绝这样善解人意的推销员吗?

相信任何母亲对这种细心的考虑都充满感激，不是立即邀请他进来坐，便是在他重新来访时面带笑容地迎接他。反之，如果大摇大摆地冲进去，结果只会被对方撵出去。

3. 把控进程，别占用客户太多时间

每个人的时间都是宝贵的，所以，如果与对方接洽，最好要把控进程，不要总是夸夸其谈却又不知所云，无意义的接洽会让对方产生厌烦情绪。

总之，真正懂得管理时间的人不但珍视自己的时间，还关心他人的安排，这样的人通常都是善解人意的，也是左右逢源的，与人方便与己方便，他们也往往能获得他人的协助，从而高效率做事。

未雨绸缪，提前解决可以预见的问题

现实生活中，人们对于任何一件事的发生发展，都是抱着美好的愿望的，都希望万事如意。但不少时候却事与愿违，究其原因，主要是人们的危机意识不足，没有找到事情的瓶颈环节，没有在事情发展前将其遏制。任何一个高效率的时间管理者，都知道未雨绸缪，做好危机的防范工作。海尔集团董事局主席张瑞敏在谈到海尔的发展和未来时说：“市场竞争太残酷了，只有居安思危的人才能在竞争中取胜。”英特尔公司的缔造者格鲁夫在谈到其取得的辉煌业绩时也说：“只有那些恐惧感强烈、危机感强

烈的人才能生存下去。”同样，现实生活中的人们，无论我们做任何事，都要眼光长远，将事情的不利因素都考虑进去，铲除它们，才能加快事情成功的进程。

当华为2000财年销售额达220亿元、利润以29亿元人民币位居全国电子百强首位的时候，华为总裁任正非却大谈危机：“华为的危机以及萎缩、破产一定会到来。”他在内部讲话中颇有感触地说：“十年来我天天思考的都是失败，对成功视而不见，也没有什么荣誉感、自豪感而是危机感。也许是这样才存活了十年。我们大家要一起来想怎样才能活下去，也许才能存活得久一些。失败这一天一定会到来，大家要准备迎接，这是我从不动摇的看法，这是历史规律。”

任正非为什么总在兴盛中提醒危机？因为他看到华为的冬天一定会到来，到时候“也会像它热得让人不可理解一样冷得出奇。没有预见，没有预防，就会冻死。谁有棉衣，谁就活下。”“创业难，守业难，知难不难……唯有惶者才能生存！”华为的奋进与崛起，就归因于这种深重的危机意识与苦心经营！

巴尔扎克曾经为所有的企业领导者上过耐人寻味的一堂“课”。他说：“一个商人不想到破产，如同一个将军永远不准备吃败仗，只能算‘半个商人’，是不成功的商人。”怎样才能成为“一个商人”及成功的商人呢？巴尔扎克给出的答案是：“要想到破产。”日头正午，是最辉煌的时候，也是西下的开始。虽然说的是自然现象，不能与企业生存发展进行简单的类比，但是企业要时时想到“日落西山”的时候，这是生存法则。除了企业外，我们个人也要有这种“想到破产”的危机意识，如果没有这种高度的警惕性，那么，无论你从事什么事，一旦遇到危机的突然袭

击，很有可能手足无措而导致失败。

那么，我们该如何做到找到事情的瓶颈环节并将其解决呢？要解决这一问题，就应该从以下三个方面着手：

1. 时刻提醒自己问题的重要性

你需要明白的是，如果不排查出事情中的问题，很可能导致所有的努力功亏一篑，因此，你要时刻提醒自己，一定要多从几个方面综合考虑。

2. 深入一线

皮特是某大型外企的新上任的采购部经理，新官上任三把火，刚到任的他，就有志在采购部做出一番成绩，他的目标是在刚到任的这一年为公司节省出五百万的材料费。于是，第一个月，他就派下属去考察市场和各个部门，找出需要采购的材料，然后顺利进入工作状态。经过调查，他发现，工程部需要采购一批钢材。随后，他动了动脑筋，怎样才能以最便宜的价格买到钢材呢？

很多公司知道皮特需要购进钢材，便与之联系。有家建材公司告诉皮特，他们的工地有批钢材，价格比一般的钢材便宜一半。为什么会这么便宜？他们称，这批钢材原本是为了建设一个大型娱乐会馆，但因为投资方撤资，所有的建筑材料也就被遗弃了。皮特很高兴，真是天上掉馅饼了。于是，二话不说，他就与对方签订了合同，买了这批钢材，并以为会得到领导的嘉奖，但在进货后的第二天，他就接到了公司高层的通知——他被解雇了。到底是怎么回事呢？

原来，这批钢材在运回公司的时候，建筑工人发现，这批钢材的质地与一般钢材不同，便仔细观察了一下，这是一批劣质钢材，是无法作为建筑材料的。皮特了解后，赶紧与卖方联系，谁知，对方已经逃之夭夭了。

等待皮特的，只有被解雇的悲剧，而他学到的教训是，无论做什么，都不可太天真。

皮特为什么会被解雇？皮特为什么会被骗？因为他在接受卖方提供的信息后，并没有进行核实和了解，仅凭对方的几句话就轻信了对方，为公司带来了很大的损失。

深入一线调查，掌握更多的信息，才能对事情的发展运筹帷幄，避免决策错误。另外，无论你作出了怎样的决策，即使发现不是最优方案，也不要随意变更，而应该多做观察。这是因为：

第一，你可能以为目前状况下的方案已经是最优的了，实际上，新的方案总是会不断出现，如果一遇到新情况便调整，那么，你的工作也就没完没了了。

第二，对于已经决定的事情，如果善变，也会影响到事情的其他环节。

3. 借鉴教训，不要孤行己见

我们要懂得吸取其他人在此类问题上的经验教训，作为自己工作的借鉴。

总之，在做事的过程中，我们千万不要总是抱着“亡羊补牢”的态度处理善后工作，要养成凡事研究研究、思虑深远的作风，做到见微知著，明察秋毫，及时发现问题，立即消除隐患。

第7章

时间管理长远考虑
——不同时间段的管理策略

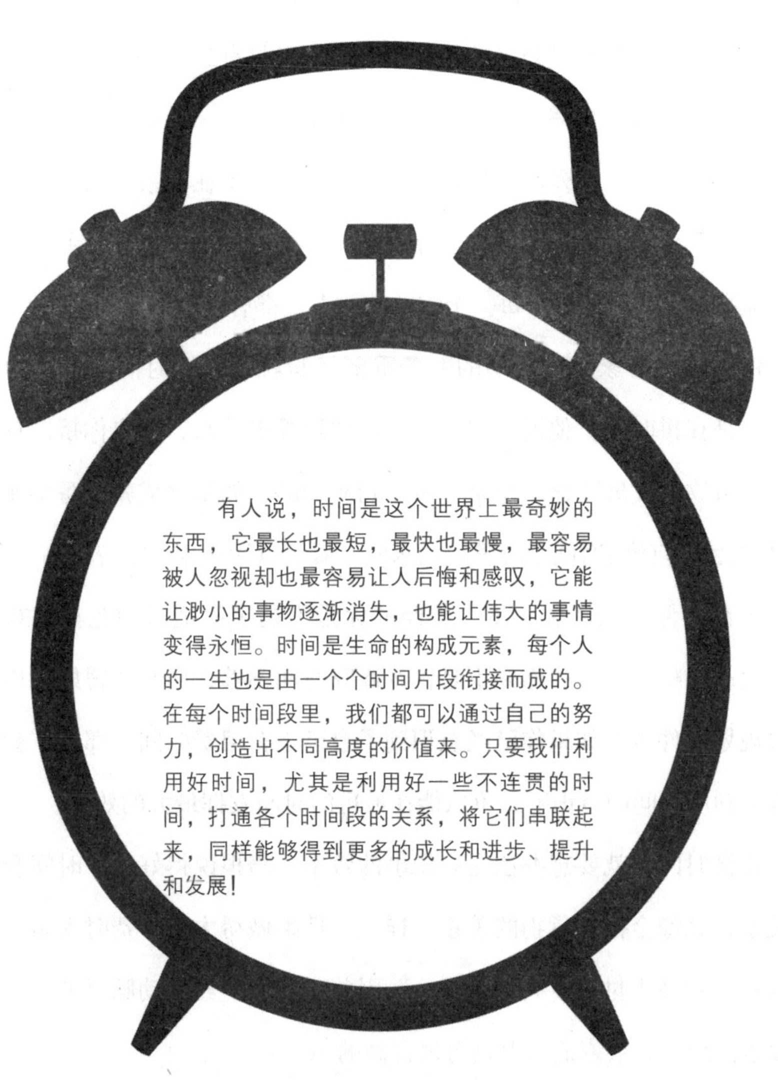

有人说，时间是这个世界上最奇妙的东西，它最长也最短，最快也最慢，最容易被人忽视却也最容易让人后悔和感叹，它能让渺小的事物逐渐消失，也能让伟大的事情变得永恒。时间是生命的构成元素，每个人的一生也是由一个个时间片段衔接而成的。在每个时间段里，我们都可以通过自己的努力，创造出不同高度的价值来。只要我们利用好时间，尤其是利用好一些不连贯的时间，打通各个时间段的关系，将它们串联起来，同样能够得到更多的成长和进步、提升和发展！

化零为整，让时间产生最大的价值

人们常说：时间是公平的。每个人的一天只有24个小时，所以应该珍惜时间去充实自己。陶渊明有诗曰“盛年不重来，一日难再晨；及时当勉励，岁月不待人。”爱因斯坦说：“人的差异产生在业余时间。”生活中的每个人都要学会珍视时间，争夺一分一秒的时间去工作和学习，最大限度地提高时间的利用率。每一个成功的西点人都有强烈的时间观念。

伟大的文学家鲁迅成功的一条重要经验就是珍惜时间。鲁迅的整个一生都是在拼时间。他说：“时间，就像海绵里的水，只要你挤，总是有的。”事物的发展变化，总是由量变到质变的。如果想成就一番事业，一定要学会用零碎的时间学习整块的东西，做到点滴积累，系统提高。

现在，你应该回想一下，曾经的你是不是宁愿把时间花在嬉戏玩耍上，而却忽略了学习；你是不是曾经慨叹时间不够，而却不曾好好珍惜时间去规划一件事？如果你已经意识到了自己正在浪费时间，那么，就请树立合理利用时间的意识吧，争取能在最短的时间发挥最大的效率。

珍惜时间，就要想办法提高做事的效率。培根说得好：“时间和做事的关系，就像金钱和货物的关系一样；一件事做得太慢，费时太多，就像是为一件物品支付了过高的价格。”因此，我们应经常动脑思考，寻找可以改进的地方，效率通常总是可以提高的。

范德比尔特先生是一位军人。有一次，他与一个请求他帮忙的青年约

好，某天早晨的十点钟在自己的办公室里见那位青年，然后陪那位青年去会见一位火车站站长，接洽铁路上的一个职位。但到了那一天，那个青年去见范德比尔特时，比约定的时间竟迟了十分钟。所以，当那位青年到范德比尔特先生的办公室时，范德比尔特先生已经离开了办公室，去出席一个会议了，因此便没有见到。

劳伦斯说："成功做事的秘诀，首要一点就是要养成准时的习惯，可是一般人的习惯往往是一再拖延。"

诺贝尔奖金获得者雷曼的体会更加深刻，他说："每天不浪费剩余的那一点时间。即使只有五六分钟，如果利用起来，也一样可以产生很大的价值。"把时间积零为整，精心使用，这正是古今中外很多科学家取得辉煌成就的妙招之一，值得我们借鉴。

的确，时间，怎么珍惜都不过分。下面我们推荐有效管理时间的十八种方法，让你做时间的主人！

结合以上浪费时间的原因，提出了十八种时间管理的方法。

1. 策略第一

"攻心为上、攻城为下"，时间管理策略总是第一位的。

2. 分清轻重缓急，抓住重点

在众多的事务中，总有重点工作和非重点工作，要在重点工作上投入大量的时间和精力，否则，就总会感觉时间不够用，而工作却没有成效。

3. 马上行动，杜绝拖延

不少人总是喜欢拖延，而实际上，拖延也是懒惰的表现。习惯性的拖延者通常也是制造借口与托辞的专家。每当要付出劳动，或要作出抉择时，他们总会找出一些借口来安慰自己，总想让自己轻松些、舒服些。

4. 确定明确的目标和行动计划

敢想敢做并没有错，但不能无厘头，任何有计划的行动才更有成功的胜算。因此，无论在做什么事之前，都要反问自己：这件事的可实施性大吗？还有什么没有计划到的？计划越是周详，也越能应付出现的问题和危险。

5. 每个人的时间都是有价值的

因为每个人的生命都是由时间组成的，生命是有价值的，故时间也是有价值的，所以才有鲁迅所说的“浪费时间等于谋财害命”这一名句。

6. 今日事，今日毕

有了良好的完成工作习惯，时间自然是被充分利用的，就不存在浪费了。

7. 追求完美的心态

世上不可能有真正的完美，但无论企业也好，人也好，都应该有一个追求完美的心态，并将其作为生活习惯。无论你有怎样辉煌的目标，如果在每一个连接环节上、每一个细节处理上都不能到位，都会被搁浅，而导致最终的失败。

8. 在要求工作时，必须要求时限

这样就既不浪费别人的时间，也不浪费自己的时间。

9. 善于授权

这考验到一个人的领导才能。我们不必事必躬亲，否则，即使有三头六臂也忙不过来。

10. 要有条理与整洁的方法

文件和物品存放有条理，就不会在找东西上浪费时间。

11. 养成快速的节奏感

这样时间的利用率就自然提高，甚至带动别人提高效率。

12. 结果导向，掌控过程

完成任何工作，都有一个结果。我们要做的就是以这个结果为导向，在工作过程中不断调整方向，最终完成这项工作。

13. “猴子管理”

就是把每一项工作都看成是一只猴子，我们要照顾好自己的猴子，而且要注意不让别人的猴子成为自己的猴子，要不猴子太多怎么办？

14. 不要让人浪费你的时间

要懂得拒绝，不要在无谓的交往中浪费自己的时间。

15. 善于利用零碎的时间

这一条很重要，每天的琐事太多，大部分时间也被那些琐事占据，因此，不要试图认为有整块的大量时间供我们支配，要善于利用零碎的时间。

16. “第一”胜过更好

力争上游，会让我们不断寻找提高做事效率的方法。

17. 记录每天所做的每一件事

这是个好习惯，当坚持一段时间后，我们对时间的支配情况就有据可依，改进不良的时间支配方式，从而总结出适合自己的时间管理方法。

18. 业余时间管理

不要忽视业余时间的管理，工作时间管理和业余时间管理是辩证统一的。

总之，人生的成功，就是一场与时间赛跑而不断获得成功的过程。为此，我们必须时刻保持百倍的警惕，不要让时间偷走生命。要控制好时间，以一种精打细算、有效率的方式利用我们所拥有的时间。

从起床到上班，用好这段时间让你获益匪浅

每天，当我们睁开双眼，就会迎来新的一天，每一天都是从早晨开始的。提到“早晨”，你会联想到什么呢？黎明？早餐？董事会？乱哄哄？拥挤的公交车……每个人的答案都与他们的工作和生活有着千丝万缕的联系。但如果联想到“乱哄哄”的人，绝对做不到每天早起，也不可能慢慢悠悠地喝上一杯清晨的咖啡。他们会一边嚷嚷着“哎呀，又要错过这趟公交车了，我怎么不早点起来呢”，一边冲出家门。只有联想到“黎明”“豆浆油条”的人，才有可能早起。因为这些都是只有早起的人才能体验到的事，可以说是“早起的象征”。

古人常用“一日之计在于晨”来教诲我们要早起。的确，一个人在早上的状态如何，对一整天的工作效率有很大的影响。早上是最适合工作的时间段。但是有不少人即使闹钟响了，却还赖在床上，早晨对这些人而言实在是头痛的时间。

效率专家们建议每一个人，要想提高做事效率，就要充分利用早晨的时间。

小泽征尔是日本著名的作曲家，除了天分，他拥有更多的是勤奋。日本作曲家武满彻曾经在小泽寓所住过一段时间，目睹了大师的勤奋，他说：“每天清晨四点钟，小泽屋里就亮起了灯，他开始读总谱。真没想到，他是如此用功。”原来，小泽从青年时代就养成晨读的习惯，一直坚

持到今天。“我是世界上起床最早的人之一，当太阳升起的时候，我常常已经读了至少两个小时的总谱或书。”小泽这样说。

事实上，除了小泽征尔以外，大多数的成功者，都以勤奋取胜。现代社会，人们也在努力寻找让工作效率翻番的方法，方法有很多，但究其根本，我们都不能忽视早晨的重要时间。因为在早晨，我们的身体在经过了一夜的休息后充满了能量，正是高效工作的时候。

那么，我们该如何利用早晨的时间工作呢?

1. 早起

正像小泽征尔所说的，他每天四点钟就起床。很多效率专家也建议，四点钟我们就应该起床。事实上，越是忙碌的人，越应该巧妙利用早上这段有限的时间。

以上班族为例，我们来计算一下，四点起床，上午就能工作八个小时。那么，下午的八个小时就是“白捡的”，可以继续工作，也可以学习，甚至可以花费到你的兴趣爱好上。

可能也有些上班族说，“我们也是从一大早就开始工作了。”但实际情况呢?公司不是九点钟才打卡吗?到公司的路程如果需要一个小时，那么，七点多你才会起床，有些赖床的人，就会睡到八点多。

还有一些人持反对意见说:“每天要加班，早上根本起不来。”但其实，通宵加班并不是明智之举，那些高效率的管理者，他们都不会打疲劳战。

可见，将早起变成一种习惯，是高效率做事的开始。

2. 起床前先想好今天应做的事

从早晨睁开眼睛的那一刻到我们上班这段时间，虽然不长，但却是最忙，我们不仅要刷牙洗脸，还要吃早饭、换衣服。如果你不能早起，则更

是步履匆匆。

这里，我们可以将时间分为两个部分，一部分是从醒来到起床，第一部分是从起床到出门为止。这样分法是为了在每一个时段内，安排不同的使用目的。

闹钟响了，你醒了，这时候不必要立刻起床，你可以躺在床上，将一天的工作先做好安排，或者思考一些疑难问题的处理方法。等到将所想的事情都整理妥善之后，再起床。

换句话说，一天内要做的事情在床上已经都做好了安排。

这个方法有以下几个优点：

第一，卧室里没有任何杂音，你可以安静地思考问题。

第二，躺在床上这个姿势使人非常舒适，很容易就想出好点子。工作上如果发生什么行不通的地方，利用早上这段时间，很容易找到解决的对策。

但是，如果你习惯性赖床，那么，当你还没想出对策前，又进入梦乡了，这种人最好立刻起床。

3. 利用早晨的“杂用时间”与家人沟通

我们把从起床到出门的这段时间称为“杂用时间”。这个时段要做的事包括洗脸、换衣服、吃早餐。上班族大多必须花很长的时间来通车，出门前这段时间不够用时，往往只好牺牲早餐。

懂得善用时间的人不应只将这个时段用来处理杂事，还应用来和家人沟通。比如，你可以和你的孩子一起刷牙或吃饭，听听孩子说话，就足以建立亲子之间的感情了。

一起刷牙、换衣服，还可以谈谈天，实在是节省时间的好方法。

如果你每天都必须加班，回到家已经是深夜，你的亲人们都已睡了，

找不到谈话的机会，你不妨找一个适当的时间，从办公室拨电话回家，利用电话和家人长谈一番。

不得不说，早晨真的如此重要。那么，为什么大家都不充分利用早晨的时间呢？无论是能干的人，还是不能干的人，一天只有二十四小时的事实都不会改变。而如何使用这二十四小时，决定了工作效率。从现在起，不妨养成早起和充分利用早晨时间的习惯吧，相信你会从中获益不少！

不要随便打乱你专属的生物钟

人们经常说："适合自己的就是最好的"。时间管理方法也是如此，为什么那些成功者更善于管理时间？因为他们有一套比较适合自己的管理方法，其中就包括他们善于运用建立自己的生物钟。

生物钟又称生理钟。它是生物体内的一种无形的"时钟"，实际上是生物体生命活动的内在节律性，它由生物体内的时间结构序所决定。通过研究生物钟，目前已产生了时辰生物学、时辰药理学和时辰治疗学等新学科。可见，研究生物钟，在医学上有着重要的意义，并对生物学的基础理论研究起着促进作用。

的确，每个人都有一个生物钟，而每个人的生物钟是不一样的。有的人喜欢晚上工作，晚上头脑非常清楚，越是在夜深人静时越精神，我们把这种类型的人叫"猫头鹰型"；还有一种人是一到晚上就犯困，但早晨起得非常早，四五点钟就起来了，早晨头脑非常清楚，背记东西非常快，我

们把这种人叫“百灵鸟型”。自然还有一些其他类型的人就不多说了。既然你是“百灵鸟”，为什么非要当“猫头鹰”呢？如果没有特殊情况，生物钟是不能被随便打乱的，否则你的工作会出大问题。

事实上，每个人的大脑活动也是有规律的。据生理学家研究表明：一般人一天中，早晨往往是记忆的黄金时间；6点钟是推理能力最佳之时；8点钟表现为具有严谨周密的思考能力；10～11点（起床后的3～4小时）是一天里头脑最清醒的时候，人的思维能力、精力、体力等活动指标都达到高潮；下午1～2点钟，是脑力和体力都较低的时候；下午3～6点钟，脑力又趋于活跃；晚上8～9点钟是记忆力最好的时候，有人认为晚上8点是长时记忆最机灵的时候，晚上0点形成大脑活动的第二个高峰。

一些人经常加班，选择挑灯夜战、利用自己的睡眠时间来工作，而每天晚上的睡眠是为了保证第二天白天有足够的精力工作，减少睡眠只会给白天的工作带来麻烦。

因此，效率专家建议，每个人都应该找到自己的最佳工作和学习时间，并充分利用它，安排自己的作息制度。

由于个体差异，我们可以建立自己的学习时间表。正如安东尼罗宾德所说：“世界上没有两个人的个人生物钟是一样的”，每个人的最佳工作时间也存在一定的差异，所以，要掌握自己的“黄金时间”进行合理的安排，以便提高学习效率。

那么，一天中的最佳学习工作是什么时候呢？

一个人在一天的不同时期，大脑活动的效率是不同的，工作时间的最佳选择应该是一天中大脑最清醒的时候。

生理学家研究认为，一天之内有四个大脑活动的高效期。如果你使用

得当，可以轻松自如地提高工作效率。

（1）清晨起床后。清晨6～7点，此时刚结束睡眠，大脑经过一夜的休息，消除了前一天的疲劳，脑神经处于活动状态，没有新的记忆干扰。此刻进行一些有难度的脑力活动比较好。

（2）上午8～10点是第二个工作的高效期。体内肾上腺等激素分泌旺盛，精力充沛，大脑具有严谨而周密的思考能力、认知能力和处理问题的能力，此刻是攻克难题的大好时机，应当把握战机，充分利用大脑兴奋来攻关。

（3）第三个高效期是下午6～8点，这段时间是人脑工作的又一个高峰期。以学习为例，在此段时间内学习，对于很大一部分人来说，记忆效果要超过清晨的6～7点。这是因为，大脑在长期进化过程中形成节奏性，使人在睡眠以前有一个超常的兴奋过程。不少人利用这段时间来回顾、复习全天学过的东西，加深印象，分门别类，归纳整理。这个时期也是整理笔记的黄金时机。

（4）入睡前一小时是工作的第四个高峰期。刚进入睡眠1～2小时内，这时大脑一般不再接收新的信息，临睡时接收到的信息印象相对较深刻。不少事实证明，某些所谓“梦中得启示”的科学发现，大多是在这段时间内产生的。有人认为这段时间是“灵感思维”比较集中的时间。但是必须注意：用脑过度、身心疲惫的人，多半不会出现这种情况。

除以上一般性的学习时间规律外，对于不同的人来讲，还有自己独特的生理时钟。为了提高做事效率，我们要善于发现并充分利用自己独特的最佳时间段。同时，要养成在固定的时间做事的习惯。

首先，你要了解自己一天中学习效率的变化特点，根据自己的生物钟

安排作息活动。其次，你要知道自己在一周内工作效率的变化情况，根据一周内工作效率的变化安排自己的工作。再次，你要知道自己完成一个任务通常需要多少时间，根据自己的工作曲线安排活动。此外，随着工作的进行，人的精神状态和注意力都会发生变化。一般来说，存在三种变化模式：先高后低，中间高两头低，先低后高。每个人要根据自己的模式安排工作内容，确保在最佳状态时处理最重要的事，只有这样，才能在最短的时间内获得最高的工作效率。

总之，时间是最宝贵的资源，合理安排时间就是“预算”生命。每个忙于工作的人，若希望高效地工作，就要根据自己的生物钟，对时间作出总体安排，对每一天的学习、生活活动，都要列出一张活动顺序表来。当然，无论建立怎样的生物钟，你都应该做到专注，因为只有专注才能产生效率。

把握好生活节奏，多留一些时间给睡眠

曾经有人说，人的生命只有两种状态：运动和停止。现代社会，处于重压下的人们每天都在拼命地工作，虽然双休日时能够在家小睡个懒觉，但恐怕内心也不会那么淡然。用持之以恒的精神拼搏、奋斗是我们必须具备的一种品质，但并不意味着要一刻不停地奔波与忙碌。要学会适可而止，会休息才会成长。只会向前猛冲，而不懂得减速缓行的人，在人生的某个弯道处，一定会冲出跑道，损失更多。

不得不说，如今，越来越多的人没有规律地工作、休息。时常，我们会因为手头的一些事情，不知不觉中工作到深夜(凌晨几点)。研究证明，与经常熬夜的人相比，早睡早起的人精神压力较小，其精神健康程度较高。科学睡眠时间是22～22点30分，半小时或一小时进入深度睡眠，而且午夜到凌晨3点是人体自然进入深度睡眠的最佳时间，这样才能保证第二天工作精神百倍。

因此，我们任何一个人，一定要明白，真正的高效率不是熬夜熬出来的。一定要懂得休息，只有劳逸结合，才有更高的工作效率。

有个成功的企业家，他的成功可谓是一路艰辛。他从十几岁就开始给别人帮工，每天都是早起晚睡的，整天都是忙忙碌碌，好像他就没有休息过，也没有参加过任何的娱乐活动。那段日子，他的梦想是，将来自己有一间铺子就好了。

几年后，他终于开了一间铺子，生意不错。此时，他告诫自己，自己的生意更不能放松，于是仍然起早贪黑，匆匆忙忙，休息时间更少了。他想：等将来生意做大了就好了。

又过了几年，他的生意果然做大了，拥有了数间很大的门市，每天货进货出几百万元的资金流动，他更不敢放手给别人去做，还是自己苦拼，联系货源，接待客户，管理账目……没日没夜，忙得如有狼在后面追一般。看他真的好辛苦，有人就劝他：“你放一放可以吗？好好休息一天，看看世界会不会大变！”

他回答：“不行，我不做时，别人会做的，前面的那些大户们我会追不上的，后面一些中小户又逼上来，放一放，我会落在后面的。”

终于有一天，他累倒了，被迫躺在病床上不能动了，以前高速运转

的日子一下停下来，他终于可以静静地想一下匆匆而过的人生了。有一次，他看到一个病人被抬进手术室再也没回来，那个病人很年轻，刚刚还与自己谈过出院后要去旅行。他看着对面空空的病床，心不由一震，顿时大彻大悟了：人由生到死其实只是一步的事，这一步，自己却走得太过沉重啊！一直以来，自己的名利心太重，想要的太多，然而真正得到的却很少。如果不是这次病倒，他会一直拼到五十岁、六十岁，甚至更久，没有娱乐，没有休息，最后两手空空地离开这个世界，这是一件多么可悲的事啊！康复后，他像换了一个人似的，生意还在做，只是不那么拼命了，他不再去追前面的大户，也不怕后面的小户追上来，甚至错过一笔很有赚头的生意也不会在意。人们还经常可以在高尔夫球场上看到他，有时他也与他的家人坐飞机到外地旅游。

他终于懂得了生活的意义。

生命如此脆弱，人生苦短，我们当然需要努力地工作，但也不能忘记，除了工作之外，还有很多值得我们追求的东西，如健康、幸福等。因此，和故事中的企业家一样，我们也应及早幡然悔悟，才能收获一份最本真的快乐。

有过登山经历的人也许会有一样的体会，那就是：山很高，需要分好多步才能登顶，最关键其实就是在中途，一旦停不下来休息，那么就必然在最接近终点的时候落下。工作中，适时调整自己也是必需的，一个真正会学习的人不会打疲劳战，而是懂得充足的休息才有更充沛的精神。

可能有些人会认为，我有太多的工作要做，或者是马上就要交工作任务了，没时间了等等，于是，他们会选择夜以继日地工作。争分夺秒地抓紧时间工作固然好，但要保证工作效率。拼时间、搞疲劳战术不可取，这

样会影响工作效率，为此，我们要注意劳逸结合。

那么，在工作中，我们该怎样做到劳逸结合、调整自己呢?

1. 统筹兼顾、合理安排

你应该合理分配工作、休息的时间，做到劳逸结合，把握好生活节奏。

2. 多做体育运动

不知你有没有这样的体验：当情绪低落时，参加一项自己喜欢又擅长的体育运动，可以很快地将不良情绪抛之脑后。这是因为体育运动可以缓解心理焦虑和紧张程度，分散对不愉快事件的注意力，将人从不良情绪中解放出来。另外，疲劳和疾病往往是导致人们情绪不良的重要原因，适量的体育运动可以消除疲劳，减少或避免各种疾病。

3. 留出一些机动时间以处理突发状况

很多人认为，忙碌的一天才是充实的一天，以至于他们经常把一天的日程安排得满满的，但一遇到突发事件，就手忙脚乱了。其实，你应该学会合理规划时间，留出一些时间处理突发情况；而即使没有出现这些突发事件，也能给自己一个放松和休息的机会，或与父母、朋友联络一下感情，或考虑一天工作中的得失等。

总之，每个希望提高工作效率的人都要明白一点，单纯靠挤时间是没用的，世界上有比时间更重要的东西：效率。我们必须要记住：每个人一天都只有二十四个小时，再怎么挤也有限；但是时间利用的效率是可以成倍提高的，提升的空间很大。当我们在思考如何利用时间的时候，首先要想到的不是怎么样去从哪里挤多少时间出来，而是怎么样提高现有的时间利用效率。

用“分”计算时间，零碎时间有大作用

人们常说，时间往往不是一小时一小时浪费掉的，而是一分钟一分钟悄悄溜走的。每个人的一天只有二十四个小时，所以应该珍惜时间去充实自己。的确，随着时代的进步，人们对时间的意识和控制也越来越强。著名的海军上将纳尔逊，曾发表过一项令全世界懒汉瞠目结舌的声明：“我的成就归功于一点：我一生中从未浪费过一分钟。”达尔文说：“我从来不认为半小时是微不足道的一段时间。”雷巴柯夫曾说：“用分来计算时间的人，比用时计算时间的人，时间多59倍。”。

的确，一个人如果认识到时间的重要，看到自己水平不高，感到时间的紧迫，就会自觉地去利用零碎时间。古往今来，一切有成就的学问家都是善于管理时间的高手。

东汉时，有名学者，名叫董遇，幼年时代就痛失双亲，但他仍然孜孜不倦地学习，只要有闲余时间，他都会学习。他曾经说：“我是利用‘三余’来学习的。”“三余”，即“冬者岁之余，夜者日之余，阴雨者晴之余。”也就是说在冬闲、晚上、阴雨天不能外出劳作的时候，他都用来学习，这样日积月累，终有所成。

时间是构成生命的材料，谁了解生命的重要，谁就能真正懂得时间的价值。我们最宝贵的不过是几十年的生命，而生命是由一分一秒的时间所累积起来的。没有善加利用每一分钟，时间是永远无法返回的。而“事情就怕加起来”这一古老的谚语也是说的这个道理。一切在事业上有成就的人，在他们的传记里，常常可以读到这样一些句子：“利用每一分钟来读书。”

对时间计算得越精细，事情就做得越完美。无论是学习还是做事，如果你能以分为单位，对那些看起来微不足道的零碎时间也能充分加以利用，你就能有所收获。我们再来看看那些成绩优异的学生是如何利用时间的。

1997年天津市高考文科状元赵文艳同学说：“我非常注重零散的时间，在等车、坐车、吃饭、行路时都带着卡片，时不时拿出来瞟两眼，日积月累效果还蛮不错。”

从山东省诸城市一中考入同济大学的徐洪明同学说：“别小看了零碎时间，坚持利用下来，你会发现受益匪浅。记得高三时，我就是利用每天早上早操之前的10分钟背诵英语单词。结果一本100多页的高考词汇用书硬是让我背了下来，从而在高考时没有在词汇上出过问题。”

从赵文艳和徐洪明的陈述中可以看出，要想取得好成绩，就要充分利用一切可利用的零碎时间。而从另一个角度来看，与零碎时间相比，大块时间的脑力劳动其实更容易导致疲劳的积累，使工作效率受到很大影响。零碎时间的学习能保持大脑的兴奋状态，效果极佳。而且，如果你致力于学习，那么，利用零碎时间学习一些必须熟记的生词、公式、规则等，有利于反复记忆，加深印象。利用零碎时间的技巧很多。比如，我们可以准备一个随身携带的小本子，记上要背的单词和知识点，有空就读一遍；在起床、洗脸、刷牙、就餐等活动场所的墙上，钉上一个和视线等高的小夹子，夹上一张卡片，卡片上写上当天要背的单词、公式等；还可运用录音机，把要背的知识内容录下来，吃饭、洗脚的时候都可以听。总之，利用零碎时间反复

记忆，不仅会明显提高我们的学习效率，还能培养分秒必争的好习惯。

不得不说，现代社会中的人都有很大的压力，除了工作还要学习、生活，由我们自己自由支配的大块时间很少，因此，赢得时间就十分重要了。不少人往往认为那些零散的时间没什么用处，其实这些时间看似很少，但集腋能成裘，几分或几秒的时间，看起来微不足道，但汇合在一起就大有可为。

也许现在你已经发现自己每天有很多时间流失掉了，例如等车、排队、走路、搭车等，可以用来背单字、打电话、回邮件等。每个人一天的时间都一样，但是善于利用零碎时间的人，就能得到更多的益处。具体来说，把零碎时间充分利用起来，需要我们做到以下几点：

1. 善于利用等待的时间

我们每天都会有一些时间是处在等待中的，比如等车、排队等。等待很长时间让人觉得很无聊，如果拿出平常准备的问题本，进行回忆和思考，那么，经常这样，你的记忆力就会提高。

2. 善于利用走路或坐车的时间

不少人上班都是乘坐公交车，这段时间内，你可以思考一些工作中遇到的问题，也可以听一些英文单词，关键是要有问题意识和善于思考的习惯。

3. 善于利用睡觉前的时间

你可能也发现，当你躺上床之后，进入睡眠状态还需要一段时间，此时，你可以将这一天的做事、学习情况在大脑中过一遍，起到回忆和思考的作用。

有人说，人的心理很微妙，一旦知道时间很充足，注意力就会下降，效率也随之降低；一旦知道必须在单位时间内完成某事，就会自觉努力，

从而效率大大提高。如果坚持每天读十页文章，哪怕坚持读一页，一年就是三百六十五页，十年即三千六百五十页呢！但是如果你每天落后别人半步，一年后就是一百八十三步，十年后即十万八千步啊！可以说，人的潜力是很大，善于利用零碎时间，通常不会影响心身健康，但却可以有效地提高做事效率，何乐而不为呢？

学会最大限度利用空余时间

有人说，管理时间是生命的本质。不能管理时间，便什么也不能管理。假如失去了财富，可以辛勤地再赚；假如失去了知识，可以再学，健康则可以靠保养和药物来重得，但时间却是一去不返。最稀有的资源，就是时间。我们每个人都必学会做时间的主人，要做到这一点，首先就要学会最大限度地利用空余时间。其实，这如同小额投资足以致富的道理一样，利用空余时间也是提高做事效率的捷径。可以说，古今中外，大凡有所成就者，都是善用空余时间的高手。

1849年，在一艘从意大利的热那亚去英国的船上，当所有人的都在喝酒作乐、尽情享受海上航行的时候，恩格斯却坐在夹板的角落里，不停地在一个小本子上写写画画。原来，他是在研究航海学，他在本子上记录的是太阳的位置、风向以及海潮涨落的情况。原来，他利用乘船时机正在研究航海学。

一天，一个青年从达尔文家门前走过，当他知道躺在门口晒太阳的那个生病的老人就是著名的达尔文时，他很诧异地问道："达尔文先生，你

这样体弱多病，怎么还可以做出那么多的成就呢？”

达尔文回答说：“因为我从来不会认为三十分钟是微不足道的一段时间。”

达尔文是个非常珍惜时间的人，曾经在给苏珊·达尔文的信中，他这样写道：“一个竟会白白浪费一小时的人，就不懂得生命的价值。”

智者总是劝我们珍惜时间、努力充实自己，而我们常常称没时间。有人算过这样一笔账：只要每天临睡前挤出十五分钟看书，一年就可以读二十本书，这个数目是可观的，远远超过了世界上人均年阅读量。然而这并不难实现。

事实上，我们的空余时间并不少，关键在于我们怎样利用，对此，你可以这样做：

1. 几种工作同时进行

也就是说，有些工作是可以同时进行的。例如在做饭、散步或上下班的路上，都可以适当地一心两用。不少人在下厨房做饭时，仍能考虑工作问题，有的还准备好笔和纸，一边干活，一边构思，对工作有什么新的想法，马上就记录下来。

周末的早上，你是否经常这样：你慵懒地从床上爬起来、坐到桌前，然后嘴里嘟囔着今天该干些什么，事实上这已经是在浪费时间了。你完全可以在洗脸、刷牙、吃早餐时想这些事啊!

也许你一定会为自己辩解说：做事不是应该一心一意的吗？对于读书这类需要高度集中精神的活动，我们应该专心；但一边等公共汽车一边看报，似乎才合乎情理！至于在何种情况下一时两用、一心两用，必须由你自己来决定。在这个高速发展的社会，同一时间能同时做两件事的人，将越来越受到欢迎。

2. 充分利用等待的时间

亨利·福特说："据我观察，大部分人都是在别人荒废的时间里崭露头角的。"

我们每天都有大把的时间是在等待中度过的，比如排队、等车、等人等。有人粗略估计过，我们每天花在等待上的时间绝不会低于三十分钟。其中在上班的路上就会有十多分钟，而一个月，也就是三百多分钟，也就是五个小时的时间。而一般人以为那只是短暂的而忽略掉，于是每天把不少的片段时间白白地浪费了。

等待是让人难受的，尤其是当我们还赶时间的时候，周遭的一切似乎都变得缓慢起来。而假如你能充分利用这点时间，则不仅对你知识的增加、事业的成就有益，而且对良好性格和情绪维护都有莫大益处。

例如当我们坐轮船、火车进行长途旅行时，可以看看小说，阅读书报，背诵外语单词；当你排队看病、等待理发时也可抓紧学习。再或者，在去公司的路上，你一方面可以在这些时间里构思一下工作的计划和细节，回顾一下每日计划表中应该做的事情，这样一到公司就可以立刻投入到工作中，省去了预备的时间。而在下班的路上可以总结反思一天工作中有哪些该做的事情没有做。你也可以利用上下班的时间，用耳机来学习英文。很多人总是抱怨没有时间学习，如果每天上下班时间能背上十个单词，一个月下来也是一笔不小的财富，所以这些宝贵的时间一定不可以浪费。

3. 反其道而行之

不难理解，就是在别人做事时你不去做，等没有人做的时候再去做，这样就避开了某些活动的高峰期。比如别人做某事的时候我不去做，等没有人去做的时候我再去做，这个方法确实非常好。比如午餐时间，楼下的餐

厅里挤满了人，假如你能晚去上半个小时会发现那时候的人就非常少了。

在很多大城市，交通拥堵是常见现象，上班的时候，你可以试着提前一个小时到公司。

一家集团公司的老板，每天上班都要比员工要早到一个小时，为什么呢？他说："我现在已经七十多岁了，我早到一个小时，就能轻易地找到一个离公司近一点的停车位了。同时还可利用早到的这一个小时来处理信件和邮件，在这一个小时的时间内，员工还没有到，公司里非常安静，不容易被打扰，而且也是头脑最清醒的时间，处理文件效率非常高。"

4. 用好下班前的5分钟

许多人快到下班的时候就心不在焉了。其实，下班前的5分钟是"黄金时间"，用好了，可以起到"承前启后"的作用。如果你以前的下班前5分钟总是无所事事，从现在起不妨试试下面的几条建议。

（1）整理备忘录。备忘录上记载了一天的工作摘要，包括当天会见的人士，新获得的名片资料等等，内容多半繁杂无章，故应在一天工作结束前将它整理一下。这样不但能掌握当天的工作进展，也便于日后翻阅。

（2）检查工作表。当天应进行的工作项目，已完成的做上记号，对未完成的项目也做到心中有数。

（3）拟订次日的工作表。把当天的工作表检查完毕后，接着列出次日应进行的工作项目，拟订工作表。此时可参照备忘录，以防疏漏。

（4）整理办公桌。下班前将办公桌整理得干干净净，才算真正结束一天的工作。

总之，如果你觉得自己总是时间不够，那么，很有可能是你浪费了大把的空余时间，是时候你该反省自己的时间管理方法了！

学会放松，随时随地保持好心情

生活中，我们总是能听到周围的同事或朋友抱怨说：“好累啊！”。现代社会，谁不累呢？我想每个人感觉到的累，可能来自于不同的方面，工作的压力感、职业的倦怠感，甚至有些只是因为睡眠不足。但无论如何，只有轻松的身体和心情，才能带来高效率的工作，因此，任何一个时间管理高手，都建议我们要学会放松自己，为自己减压。当然，每个人放松自己的方法不同。

琳达今年28岁，原本学习音乐的她在毕业后不得不接手家族生意。每天，她都要亲力亲为公司的很多事，她需要经常游走于各个谈判桌、饭桌之间，不停地出差，不停地坐飞机。她已经厌烦了这种生活，甚至是恐惧。她觉得自己必须要放松一段时间了。于是，这天，她开着车，带上读书时代最爱的小提琴，来到了离市区很远的河边。

听着潺潺的流水声、空谷中鸟儿的啼叫，呼吸着新鲜的空气，琳达拉起了小提琴，那些熟悉的旋律又浮现在脑海中，那些所谓的客户、订单、酒桌等都抛到脑后的感觉真好，不知不觉间她在车上睡着了。醒来后，她感到了前所未有的放松，她心想：也许只有音乐能让自己的心静下来。

从那次以后，琳达重拾了自己当年的爱好，每周末，她都会花上半天的时间练小提琴，陶醉在自己的音乐里，她很享受。

孙女士是一位医生。自年初医院对主任们实行末位淘汰制以来，她觉

得心理压力很大，经常感到头昏脑涨、四肢乏力、心浮气躁，脾气也越来越不好。半年以后，她人瘦了不少，气色也不再红润，有人说她得了抑郁症。近几个月，同事们普遍反映：以前那个心浮气躁、总感不适的她摇身变成了稳重大度、耐心敬业的人。是什么让她放下压力，乐观地去工作与生活？孙女士说，是瑜伽，自从每天练瑜伽，她感到浑身有使不完的劲。

生活中，像孙女士和琳达这样因为工作或生活等原因造成心理压力的人不少。面对生活和工作，我们不得不四处奔波，长时间下来，疲惫不堪、精神紧张，却不知如何调节。据统计，有50%的人一周中至少有一天会感到疲惫。美国乔治亚州大学的研究者通过对七十项不同研究分析得出：让身体动起来可以增加身体能量，减少疲累感。

事实上，那些高效率的人从不打疲劳战，他们甚至还掌握了随时放松自己的方法，具体来说，有以下几种：

1. 放松呼吸：紧闭双目，放松肌肉，默默地进行一呼一吸，以深呼吸为主

你可以选一个自己喜欢的“平静”情景，长长地、慢慢地吸气。可以将你的肺部想象成一个气球，你想尽量将这个气球充满。当你感到气球已经全部膨胀了起来，就表明已经气沉丹田，保留两秒钟。然后，轻轻地、慢慢地将气呼出。吸气持续四秒钟，呼气也持续四秒钟，可以一边呼吸一边数秒。为了放慢速度，数秒的方法可以做些改变，将“一秒”变成“一个千分之一”这样可以将速度基本上降到大约一秒钟一个数字。开始吸气时，脑子里便开始数：“一个千分之一，两个千分之一，三个千分之一，四个千分之一”，你一定要将吸气坚持到数完“四个千分之一”，然后以同样的方法呼气。

2. 想象放松法

想象放松法是通过一些安宁、舒缓、愉悦的情景的想象以达到身心放松的目的，要尽量运用各种感官，观其形、听其声、嗅其味、触其柔……恰如亲临其景。

比如，你可以想象在一望无际的大草原上散步。在一个暮春的下午，夕阳西下，余晖相映，你踩在柔软的草地上，清新的野草味、花香味以及田园味阵阵扑鼻，不时还有鸟儿鸣叫、蜂蝶飞舞。你身临其境，微风拂面，就像小时候妈妈温柔的抚摸；柔光沐浴，就像出远门时父母的谆谆叮咛；高天远山令人心旷神怡，此时你舒展全身，慢慢地做深呼吸，感到无比轻松舒坦。这样就可以排除杂念、心平气和，达到放松的目的。

3. 按摩

紧闭双眼，用手指尖用力按摩前额和后脖颈处，有规则地向同一方向旋转；不要漫无目的地揉搓。

4. 松颈操

右手置于脑后，下巴轻轻地压向胸部，同时尽力将左肩和左臂向下沉。保持这一姿势10～30秒钟，然后慢慢地还原，左右手交换重复练习，方法同上。

5. 打盹

学会在家中、办公室，甚至汽车上，一切场合都可借机打盹，只需10分钟，就会使你精神振奋。

总之，在学习或工作中，我们要尽量保持轻松愉快的心情，好的心情会使工作有更高的效率。当我们感到疲惫时，不妨采用以上几种方法来进行自我放松。

身心俱疲难有效率，不如周末好好休息

我国实行双休日后，无疑给上班族们创造了更广泛的、可自己支配的空间。每年52个双休日就是104天时间，这是一个不小的数目，双休日确实是上班族们最期盼的日子。然而，现代都市，白领们周末加班、连轴转的现象实在不少，工作了五天之后还要继续“奋战”，很多人都感到身心俱疲。实际上，疲劳状态下进行的工作是效率低下甚至是毫无效率的。

那么，具体来说，我们该怎样安排自己的双休日呢?

（1）适当安排时间进行周工作总结、安排下一周的工作，每天不少于两小时。

（2）晚上看电视、上网不要超过晚上9点再休息，要养成良好的作息习惯，当然，早上可以适当多睡会。

（3）生活上丰富多样化。

单调是很多上班族对周末生活的评价，也有一些白领们害怕周末的到来，他们宁愿继续从事工作。之所以会产生这样的心理，也是因为没有合理安排周末时间。

玛丽是一名单身贵族，在一家公关公司担任主管。她平时工作很忙，总是应酬不完，精神总处在一种长期压抑中，工作的时候每天都盼望着周末到来。但一到周末，她就好像对应酬有恐惧似的，拒绝见任何人，把手机关机，然后蒙着被子倒头大睡，连着睡上两天两夜，睡得昏天黑地，一想到睡完就要上班，又

要投入到紧张的工作中去，玛丽更郁闷了，久而久之竟然患上了抑郁症。

实际上，要充实自己的周末生活，有很多方法，比如打球、听音乐、看电影、读一些杂志、下棋等。

（4）要走向社会。每星期不少于半天时间走进大自然，观察身边的人和事，观察社会的变化。

（5）进行体育锻炼。亚健康是白领们的一个“通病”，如何缓解亚健康才好呢？体育锻炼能让人产生一种驾驭感、超越感。因此在体育活动后，人会心情愉快、精神饱满地投入工作和学习。

我国著名的地质学家李四光，在著名的伯明翰大学学习期间，正值第一次世界大战爆发。以英、法、俄为一方的协约国和以德、意、奥为一方的同盟国，为重新瓜分世界，争夺殖民地，展开了生死大战。一时间，生活物资日益短缺，物价开始上涨，生活极度困难，许多留学生已无法忍受，纷纷离开英国。但李四光硬是凭着顽强的毅力和从小养成的坚忍精神，节衣缩食，克服了种种困难，把学习坚持了下来。他常常利用假期，跑到矿山做临时工，赚钱维持生活，继续完成学业。

在这样艰难的时候，他乐观旷达，劳逸结合，偶尔在假日走进公园，看看名胜古迹，并利用业余时间学会了拉小提琴，成了终生的爱好。

的确，一个真正会学习的人不会打疲劳战，而是懂得通过身体锻炼来调节的。不知你有没有这样的体验：当情绪低落时，参加一项自己喜欢又擅长的体育运动，可以很快地将不良情绪抛之脑后。这是因为体育运动可以缓解心理焦虑和紧张程度，分散对不愉快事件的注意力，将人从不良情绪中解放出来。另外，疲劳和疾病往往是导致人们情绪不良的重要原因，适量的体育运动可以消除疲劳，减少或避免各种疾病。十八世纪法国一位

著名医生曾说过：“运动就其作用来说可以代替任何药物，但世界上的一切药品并不能代替运动的作用。”

美国运动医学院的研究表明，正确的运动可帮助人们持久保持健康活力和苗条体态的程度高达70%，更健康的心脏和更低的患癌风险是运动带来的最为显著的两大益处。

（6）旅游。曾经有人说过，人的一生只要有两次冲动，一次是为奋不顾身的爱情，一次是为说走就走的旅行。的确，人的灵魂与身体，至少有一样要在路上，而旅行可以增长我们的见识。另外，一个爱好旅游的人往往心胸更广阔，更有解决问题的弹性。

现代人绝大部分时间都献给了家庭和事业，他们要么被困在办公楼里，要么被困在家里，这样不但生活单调无味，长此下去还会闷出病来。有了双休日，你不妨去“放飞”一下，走向自然，与大自然亲密接触。面对湖光山色、绿水青山、莺歌燕舞、蓝天白云的大自然，一定令你心旷神怡、流连忘返。你会贪婪地大口大口呼吸清新的空气，会情不自禁地欢呼：“我爱你，大自然，太美了！”如果你有作诗、写作、画画、摄影的爱好，旅游会给你带来许多难得的题材。

不过，在周末出游时应注意外出时的自我保护与调适，比如不要把旅游行程安排得过满，以免使自己过于紧张；注意及时休息、补充体能等。

最后，你还可以多帮家人做家务，有空的时候去社区看看敬老院的孤寡老人，多给他们力所能及的帮助。

总之，双休日的实行给了我们更多的自主空间。如果能合理安排时间，则有利于我们的发展。我们要做到工作、娱乐相结合，学会自己安排学习生活，安排作息时间。只有养成合理的作息习惯，你的双休日才有收获。

第 8 章

时间管控一步到位
——提高效率更要提升效能

在日常的工作和生活中，我们常常听到效率和效能这两个词语，我们也常常称要高效率做事。那么，什么是效率？什么又是效能呢？效能主要指办事的效率和工作的能力。效率是单位时间内完成的工作量，效能是衡量工作结果的尺度，效率、效果、效益是衡量效能的依据。很明显，做好时间管理工作的根本目的是提高效能，而不是效率，因此，从某种程度上说，效能比效率更重要。

化繁为简，一针见血找到问题关键

在做事时，我们常常提到效率一词，那么，什么是效率呢？所谓效率，是单位时间内完成的工作量。然而，衡量我们做事成绩的，并不是效率，而是效能。效率、效果、效益是衡量效能的依据。也就是说，效能比效率要重要得多。不难想象，真正的时间管理要达到的目的是高效能。然而，我们经常看到的是，为了提高做事效率，人们会建立一套完备的时间管理体系，制订大量的工作目标、操作准则和行为标准。而事实上，我们的行为正是被这些所谓的规划约束了，工作效能却降低了。

海尔总裁张瑞敏曾说过：“我感觉在企业里最难的工作就是把复杂问题简化，如流程再造就是简化流程。但为什么做起来很难？关键是领导！领导只要看不到问题的本质，就简化不了流程。就事论事，会越办越复杂。”原通用电气董事长兼CEO杰克·韦尔奇先生曾经就管理问题提出一点：“管理效率出自于简单。”张瑞敏和杰克·韦尔奇先生的这两句话不仅适用于管理工作，更适用于人类的思考活动。

生活中的人们，在学习和做事的过程中，只有做到化繁为简，摆脱传统思维的限制，才能一针见血找到问题的关键。我们先来看下面一个故事：

一天，司马光和一些小孩玩捉迷藏。有个小孩不知躲在哪里，看见有个大缸，便眼珠子一转，踩着假山想进去。结果水缸里面有水，他刚想躲别的地方但脚一滑掉了进去。他大声喊救命，小孩们听到了。有的喊大人救命，有的大哭起来。但是司马光一点也不惊慌。他灵机一动，想出了个好办法，拿起身边的大石头，用尽全身力气，向大水缸砸去。大水缸破了，水流了出来，小孩得救了。这就是流传至今的“司马光砸缸”的故事。这件偶然的事件使小司马光出了名，东京和洛阳有人把这件事画成图画，广泛流传。

这里，司马光为什么能做到急中生智救出同伴？这就是抓住“焦点”思考问题的结果。不妨试想一下，如果遇到这种情况，你会怎么做呢？可能你也会和故事中的其他孩子一样，要么喊人救命，要么大哭。而只要你冷静下来思考一下，其实就能想出有效的解决办法——砸缸。

你是不是曾经有过这样的做题经验：遇到一道数学题，你告诉自己一定要演算出来，当算出结果的一刹那，你发现，原来答案和题目之间只要进行一个简单的思维转换就可以，而你在这道题上却花费了很长时间。试想一下，假如这是一道考试题，那你是不是浪费了很多时间呢？

因此，从生活中，你就要训练自己凡事从简出发的习惯，在做题和做事时，都问问自己，“还能简单点吗？”找到最简单的方法，做事的效能也就快多了。

有这样一则故事：

1870年，在查理斯·艾略特出任哈佛大学校长时，他找到当时著名的史学家亨利·亚当斯，想聘请他出任中世纪历史的教授。起初，艾略特不管怎样苦苦劝说，亨利·亚当斯都没有任何表示，后来，亨利·亚当斯谦虚地说：“校长先生，我真的一点儿都不懂中世纪的历史。”听到他的回答，艾略特校长则客气地说：“如果你能够为我举荐出一位学者比你懂得

更多，那我就聘请他。”结果亚当斯只好接受了聘请。

艾略特以自己灵活机智的思维，展现了哈佛校长的个人魅力，他的一句“如果你能够为我举荐出一位学者比你懂得更多，那我就聘请他。”让亚当斯无从拒绝。从这个故事中，我们也能看出一点，将思维转个弯，直击问题的要害，很多事情都迎刃而解。

然而，要把复杂的事情简单化绝非易事，需要我们进行一次彻底的心理革命。尤其是我们要调整自己看待问题的眼光，也就是一针见血地捕捉问题实质的能力，从而较快地寻找到时间管理的本质和规律，掌握化繁为简、以简驭繁的思想和技巧，深刻认识管理的核心要义。

具体来说，你需要做到以下几点：

1. 把握关键

这需要我们有发现规律的眼光，找到事物的本质，然后以战略的眼光去感知、把握和运用规律，这样，就能运筹帷幄。

2. 集约高效

真正高效的、简单的运作才是有意义的，因此，你需要把复杂的问题简单化，在多类矛盾中驾驭主要矛盾，提高效率。

3. 简中求变

你必须学会不断创新，以适应激烈的职场竞争。

另外，还需要注意的是：化繁为简并不是说可以不注重基础与细节。

每个人在做事和学习时都应该养成孜孜不倦、一丝不苟的习惯，注重细节很重要。因此，这里说的思维上化繁为简并不是要你凡事投机取巧，而是应该摒除繁琐思维的限制而已。

可见，“简化管理”并不是“不”管理或“懒”管理，而是一种追求

系统化、规范化、细节化、流程化的管理思维和实践，在复杂精细和简单实用之间找到一个有机的结合点，跳出“为管理而管理”的怪圈，实现由“高效率”到“高效能”的转变。

总之，聪明的人会在最短的时间内，在花费最少的精力的前提下解决问题。如果你也能训练出这样的思维，就能少走很多冤枉路。

花最少的力气，做出最满意的效果

曾有人说，头脑是一切竞争的核心，因为它不仅会催生出创意，指导实施，更会在根本上决定成功。而更让我们没有意识到的是，思维决定行动，我们做事的效能如何，也决定于我们的思维活动。因此，思维是改变外界事物的原动力。如果你希望改变自己的状况，获得进步，那么首先要从改变思维开始。而我们在寻找解决方法时，往往倾向于把事情考虑得过于复杂化，其实事情本质是很单纯的。表面看上去很复杂的事情，其实也是由若干简单因素组合而成。

卡曾斯说：“把时间用在思考上是最能节省时间的。”这是一句非常有哲理的话。通俗的说法是做事要动脑子，对一件事情分析认识得不透彻，就很难找到正确的方法，不能对症下药，自然就无法以最短的时间到达目的地，可以说思考是调高效能唯一的捷径。为此，生活和学习中，每个人都应该养成多动脑的习惯，从而以最快的速度解决问题。

同样，运用灵活的思维模式，你会发现，在第三产业逐渐发达的今

天，只要感觉敏锐，并能有的放矢地解决问题，那么，即使你没有足够的物质后盾，也能成功，也能获得财富。

日本有一家SB公司，生产的产品是咖喱粉。一段时间以来，这家公司的产品滞销，公司的经理一个个都“下了课”，连续换了三任经理。受命于危难之中，第四任经理田中走马上任。他意识到公司的产品卖不出去的原因是顾客对SB公司的牌子很陌生，很难注意到有这种产品。由于没有足够的资金，大量做广告是不现实的，但是如果不拼死一搏去做广告，那也无异于坐以待毙。

经理田中终于想出了一个巧妙的方法……

几天之后，日本的几家大报，如《读卖新闻》、《朝日新闻》等刊登出了这样一条广告：

SB公司专门生产优质的咖喱粉，为了提高产品的知名度，今决定雇数架直升机到白雪皑皑的富士山顶，然后把咖喱粉撒在山上。从此以后，我们看到的将不是白色的富士山，而只能看到咖喱粉的颜色了……

在日本，富士山是一大名胜，不仅在日本人心目中，在世界人的心目中，富士山都是日本的象征。在这样神圣的地方，居然有公司胆敢撒咖喱粉？真是岂有此理！

SB公司的广告刚刚刊出，国内舆论一片哗然。很多人都知道这是SB公司故弄玄虚，但是对如此的言辞也是难以忍受，纷纷指责SB公司。本来名不见经传的SB公司，连续好多天在报纸、电视、电台等各种新闻媒体上成为大家攻击的对象。

在一片舆论的声讨声中，SB公司的名声大振。临近SB公司广告中所说的在富士山撒咖喱粉的日子前一天，原先发表过SB公司广告的报纸都刊登

出了SB公司的郑重声明：

鉴于社会各界的强烈反应，本公司决定取消原来在富士山顶撒咖喱粉的计划。

反对的人们欢庆自己的胜利，田中和SB公司的员工们也在欢庆他们的胜利。这样一番折腾，全日本的人都知道有一家生产咖喱粉的公司叫SB公司，并且错误地认为这家公司是一家实力超群、财大气粗的公司。很多小商小贩都纷纷投到SB公司的门下，大力推销SB公司的咖喱粉，SB公司的咖喱粉一时间成了畅销产品。

这里，我们不得不佩服这位经理的智谋，在接手这家公司后，他很快认识到问题的实质在于公司知名度不高，在广告费不充足的情况下，他一反正常思维——在富士山上撒咖喱粉，为此，这家公司名声大振。很多时候，一个金点子，花费不多，却拥有点石成金的力量。只有看到别人看不到的东西的人，才能做到别人做不到的事。灵活的头脑和卓越的思维为我们提供了这种本领，深入地洞察每一个对象，就能在有限的空间，成就一番可观的事业。

这里，我们看到了思维的力量。我们也应该锻炼着自己的头脑，扩展自己的眼光和思维。因为这是一个脑力制胜的年代，谁的想法更高明，更有效，谁就更容易高效能地做事，也更容易提升自己的价值。

事实上，任何人，无论做什么，都要有灵光的头脑，善于创造性思维，不能钻牛角尖。这条路走不通，不妨转换一下思维，何不尝试反过来思考，先找问题的本质？思维一变天地宽，勤思考，善于逆向、转向和多向思维的人，总能找出解决问题的方法，总能以最少的力气，作出最满意的效果。

事实上，生活中，很多人之所以在某些事情上失败，就是因为他们一直在做无用功。如果你也是个不爱动脑的人，那么，不妨试着学会思考，你就会发现积极思考的惊人力量，任何困难和失败均能通过它来解决。即使是那些杂乱无章的事情，只要你运用思考的力量，就会将它们一一捋顺。思考不是“无用功”的代名词，而是“节能、省力”的法宝，因为能以积极的思维去摆脱困境，化解难题。

总之，面对看似杂乱无章的事情，只要你能开动大脑，跳出习惯的思维框框，就能抓住问题的实质，就会得出异乎寻常的答案。

不只是解决问题，更要消灭问题

现实生活中，人们偶尔在工作、学习和生活中，都会出现一些问题，面对这些问题，人们往往都是抱着“亡羊补牢”的态度处理善后工作。当然，这是必要的，但我们可能忽视了一点，为了防止问题的复发，还是应该将重心前移。安全工作最好的办法还是将着力点和重心前移，在源头上下功夫，见微知著，明察秋毫，及时发现问题复发的征兆，立即消除隐患。

当然，这样做仅仅是不够的。事实上，我们做任何一项工作，都要做到认真仔细，多次检验，并且还要找出不让问题复发的方法；否则，一旦问题复发，就会导致我们手足无措，也会耗费人力物力，降低做事的效能。

我国有一个关于古代神医扁鹊的故事。

传说，扁鹊有兄弟三人，都行医救人。民间相传扁鹊医术最高，实际上并不是如此。大哥一般是当病人疾病尚表现在皮肤气色上时就已经观察出，并简单地给病人服几剂药就好了，但大家以为他只能治小病，故名声不出乡里；二哥医术差一级，要等疾病已进入到病人的肌骨，才识别出并治好，但名声反而到了州郡；三弟扁鹊，医术最低，非要等到疾病已进入腑脏，病人已行将就木了，才知道去医，大动干戈，将之救活，结果反被尊为神医，举世闻名。

所以，真正高明的危机管理并不是危机发生后再启动应急措施，而是善于发现问题，并且把危机扼杀在萌芽阶段的问题管理。

事实上，工作中，导致问题复发的危险因素太多了。以运营企业为例，产品的缺陷、员工素质问题、管理的不完满、法制观念淡薄等等；外部因素更多，竞争对手的不公平竞争、社会舆论的压力等这些因素都有可能导致企业面临很大的灾难。我们所熟悉的希望集团，正如它的名字，总是屹立不倒，其成功的管理经验之一就是制定企业战略时，始终坚持“企业安全第一、企业发展第二”的原则。希望集团的管理者在工作中，并不追求创造奇迹，而是注重细节，注重防微杜渐，注重基础管理工作，在执行规章制度上，杜绝下不为例的借口，不允许打折扣。希望集团员工心中形成“制度和纪律是一条不能摸的高压线”的观念，消除了不良隐患，保证了公司高效运行。

其实，除了管理企业，任何一个人在做事的过程中，都必须要有一种危机意识，即便事情处理得十分顺利，也还要多方考证，进行问题的排查。每个人都不喜欢返工，更不希望出现危机，避祸是我们的基本思想。另外，在做事时多留一套预备方案，即便出现危机，那么也能找到应对措

施。当然，要养成这种认真、仔细的做事习惯，还需要我们在日常生活和工作中多加努力，具体来说，你可以做到以下几点：

1. 树立危机意识

不仅自己要有危机意识，还有把这种危机意识贯穿到工作中，进而时时感受到危机的存在。只有做到这样，才能在危机真正到来之前，能有所准备，而不至于手忙脚乱。

2. 重视细节，做到全方位监督，及时查缺补漏

这是细节管理的重要部分。这需要我们形成习惯，在潜移默化中培养细节意识，将细节意识融入日常的工作中。这样，当我们都在工作中养成反复检查、确保无失误的习惯时，造成失误的概率也就相对减少很多。同时，这也有利于对工作做到及时查缺补漏，及时发现问题，以便有针对性地解决。

3. 不要忽视执行工作的监督

在做事前，我们通常都有一定的规划和行为标准，在执行过程中务必求严，对于没做好的问题要严肃追查，经过一段时间的监督后，相信细节问题会有个大的提升。

这样也有助于我们培养细节意识，在工作之余你也会想到，哪些细节是可以注意的，哪些错误是可以避免的，哪些步骤是多余的……这样一总结下来你会发现，在工作中可以采取更有效的方式把任务做好而且有助于排查隐患。

4. 一旦发现问题，迅速解决

关于这一点，还是需要我们付诸行动，致力于把“查缺补漏”的精神贯彻到执行中，重视执行的每一个环节。也就是说，我们不可在这一问题

上拖延，否则，会让问题扩大化，甚至到一发不可收拾的地步。

总之，细节问题是工作中最难把握的问题，每个人在提升自己管理时间的意识的同时，都应该着力培养这一意识并形成习惯，从而增加自己的有效时间，实现高效能地工作。

不要因苛求完美而浪费不必要的时间

认真是任何人要做好一件事情的前提，如果对什么事情都敷衍了事，草草出兵，草草收兵，必然做不好。精益求精、追求完美，这是一种进步的表现。如果人们都懒懒散散、满足于现状，那将会止步不前。因此，可以说，追求完美并没有什么不好，相反，很多时候，它对我们的能力、知识、经验等方面都大有益处。在任何一家企业，都强调员工一定要严格要求自己。然而，凡事都有个度，追求完美到了一定的地步就变成了吹毛求疵。而且，从做事效能的角度看，一个人过多地把精力放到了细枝末节上，必定会耗费时间，长此以往，就会变得行动缓慢。

在我们的身边，总有这样一些人。如果一件事情没有做到自己满意的程度，那么必定是吃不好也睡不好，总觉得心里有个疙瘩，很不舒服。打个简单的比方，为了确保无误，一份财务报表他会核对几遍甚至几十遍；与客户谈好生意，为了保证客户对产品满意，总是不停地打电话追问；明明能在电话里或邮件中解决的问题，非要面谈；出门前，为了能让自己看上去更精神，会花一小时时间挑选衣服……什么事情都会有个度，追求完

美超过了这个度，就会降低做事效能，毕竟每个人每天只有二十四个小时，在一件事上消耗过多的精力，在单位时间内也就无法完成工作计划。

在一家公司内，有这样一名女员工，从上学期开始，她就是个追求完美的人，在新公司的她更是如此。无论上司交给她什么任务，她都努力做好。

有一天，她的女上司说："这份资料是急着用的，你把它分成两份，各打二百份。"

于是，她开始了自己的工作，而在打印中，她发现，居然有很多错别字，于是，她耐心地把这些错别字改正了，她原以为上司会夸奖她，但事实上，她却因为没按时把资料交上而挨了上司的骂。而最重要的是，那些在她看来是问题的错别字，却是公司的一些专业术语，改过后的正确的字自然也改变公司的原本意思，为此，她闹了不少的笑话……

看完这个故事，你想到了什么呢？为什么这个女员工会闹出这样的笑话？因为她太苛求细节了，重视细节固然是好事，是一个人是否负责任的表现，但苛求细节有时却是好心办坏事。而且，在你看来的完美在别人眼里却不一定很完美，因为无论是任何的或是一切的事物都是相对立的……

那些做事追求完美的人之所以会过分认真，是因为他们很在乎周围人的看法，害怕一些负面的评价。其实，生命就像是一场球赛，最好的球队也有丢分的记录，最差的球队也有辉煌的一刻。我们的目标是——尽可能让自己得到的多于失去的。那么，过分追求完美的人该如何去调整呢？

1. 自己的事情自己做，养成细心的习惯

例如，如果你是一名上班族，那么，出门前你就该整理好当天要用的文件，如果你忘记了，那么，你一定会吸取教训，时间一长，必然会变得细心了。

2. 从生活中开始培养自己严谨的做事习惯，减少拘泥于小事的时间

不难发现，如果一个人连自己的房间都一团糟，鞋子东一只西一只，那么，他必定也是个做事丢三落四、凭兴致所至，观察没有顺序、思考缺乏条理的人。因此，你需要在生活中小事做起，不断培养自己良好的生活习惯，减少自己的马虎粗心。常用方法是：自己整理自己的衣橱、抽屉和房间，培养自己仔细、有条理的习惯；自己安排自己的课余时间和复习进度表，培养有计划、有顺序的习惯。天长日久，你就会变得思维严谨起来，做事有规划，自然也就不会把过多时间耗费在细节上了。

每个人都深知细节的重要性，细节虽然小，但若是不注意，就会酿成大错。因此，注重细节是做好一件事的前提。然而，不得不承认的是，我们做任何一件事，都不可能做到面面俱到。如果太过追求完美，那么，你一定会精疲力竭。其实，时间在一分一秒不停地过，而一切都不是静止不变的，生活也在改变，就算你在这方面把事情做得很好，但没有多久事情有变化的趋势，再从另一个角度来看，或许就不是那么完美了。俗话说：“计划赶不上变化”。无论你想把事情做得多么完美，那都是不可能的。你只有注重事情的细节，认真地、尽心地把事情做得更好，而不应该苛求完美。

增强危机意识，提高危机处理能力

任何人都不是完美的，都不可能将所有事做到天衣无缝，即便在规划完善的前提下，依然可能会出现一些问题。这时，如何看待问题、如何处理问题，直接考验到我们的应变能力。如果能立即采取补救措施，甚至能帮我们转危为安；反之，不仅会影响自身的工作进度，甚至还会影响整个团队乃至企业的运营。

事实上，大多数时候，我们遇到的只是一些小问题，但却没处理好。之所以如此，有时候，是我们自身自乱阵脚而已。不难发现，任何一个做事高效、有时间意识的人，都有很强的处理问题的能力。事实上，工作中偶尔出现一些问题在所难免，焦躁、着急、焦虑都无济于事，任何难题，只要从容应付、找到问题的关键，都能迎刃而解。我们先来看看下面这个故事：

在英国的麦克斯亚郡，曾经发生了一件令人匪夷所思的事：有一个妇女，她的丈夫是个足球迷，他迷恋足球的程度甚至已经到了无以复加、不能容忍的地步，严重影响了他们的夫妻关系。为此，这个妇女便要求生产足球的厂商——宇宙足球厂赔偿她精神损失费10万英镑。当他提出这一诉讼后，很多人觉得不可思议，甚至觉得控诉毫无道理。但事实上，这个妇女赢得了官司，因为这位妇女的要求得到了大多数陪审团成员的支持。想到马上就要支付巨额的赔偿费，宇宙足球厂的老板很是忧虑。

此时，宇宙足球厂的公关顾问认为，现在的问题很明朗，那就是这位女士的控告让足球厂损失了一大笔钱，而如果能通过这次控告重新赚回损失的钱，问题不就迎刃而解了吗？于是，他向公司提出了一个明智的建议：与其在法庭上与陪审团进行无谓的陈述，还不如利用这一离谱的案例，为公司大做宣传，向人们证明宇宙厂生产的足球魅力之大。

于是，接下来，他们把工作重心放到了与媒体沟通上，让他们对这场官司进行大肆渲染。果然，这场官司经传媒的不断轰炸后，宇宙足球厂名声大振，产品销量一下子就增加了四倍。与损失10万英镑比起来，宇宙足球厂算是因小祸而得了大福。

宇宙足球厂为什么能因祸得福？可以说，这位公关顾问是明智的、冷静的，他看到了问题的关键所在。于是，针对这一问题，他提出了解决危机的方法——借助官司这一免费的宣传手段，从而为企业的产品带来了大量的销路。

另外，我们需要认识到的是，是否能处理问题以及将问题负面影响降到最小，最重要的是还是看速度，速度就是效益。一旦问题产生，我们就要明白速度等于一切，要有敏锐的反应能力，以及寻求周围人的帮助，集中一切资源着手解决问题。

那些能迅速解决危机的企业，通常都是因为领导者有较高的应急能力。我们以中美史克为例：

中美史克在2000年因为PPA事件，受到的冲击非常大，之前它在国内感冒药市场上有将近6亿元的销售额，占了市场份额80%以上。在感冒药不允许有PPA的情况下这家企业很可能面临灭顶之灾，但是这家企业处理得非常成功。

他们处理事件的速度特别快，2000年11月16日公司接到天津卫生局传

真，要求立即停止销售含有PPA成分的药物。16日上午，中美史克立即成立了危机管理小组，制订应对危机的立场基调；沟通小组，负责信息发布和内外部的信息沟通；市场小组，负责加快新产品开发；生产小组，负责组织调整生产并处理正在生产线上的中间产品。

16日上午，他们的危机管理小组发布了危机纲领——执行政府暂停令。不管对还是不对，不管有理还是没理，首先表现了对政府、对社会、对客户的利益的尊重和负责。事发后他们通知经销商立即停止销售，停止广告宣传和市场推广活动。大家都知道，停止销售每天都有巨大的经济损失，高达几百万元。但是在这种危机面前，企业必须承担损失，而不能拿企业的利益跟政府、媒体、公众进行对抗，争取在最短的时间内重塑或挽回原有的形象。

中美史克处理危机和突发事件的速度非常快，并且非常细化，这一点是中国的很多企业做不到的。雷厉风行本身就是积极的信号，等到危机事件出现以后，不要拖，不要满不在乎，应该积极响应，这是非常重要的。

那么，针对这一问题，企业领导者该如何处理呢？

1. 稳定情绪

也就是说，遇到问题时，我们应表现出积极的态度，不要发牢骚、不要辩解、不找借口等，如果此时无法调整心态的话，那么，影响会非常大。我们常常看到，一些人在工作出了问题之后，就把责任推卸给自己的同事、合作伙伴或者下属，这样对问题的解决毫无益处，甚至还会延误处理时机。

2. 找到症结，把面临的问题一一列举出来

处理问题并不是毫无章法的，不管你要怎样解决它，成功的前提是看

清难题的关键在哪里。找到了问题的关键，也就找到了解决问题的方法，剩下的就是如何来具体实行了。为此，美国通用汽车公司管理顾问查尔斯·吉德林突出：把难题清清楚楚地写出来，便已经解决了一半。只有先认清问题，才能很好地解决问题。

那么，现在，你遇到了哪些问题？哪个环节没有做好？针对这一问题，你应该最大限度地列出答案。当你列举出来后，你会发现，其实，问题并不难。

3. 追求速度，不可拖延

有些人在工作遇到问题时，总是采取逃离、躲避的态度，他们认为，一切问题会随着时间的流逝而解决的。因为他们面对危机的心态通常是：侥幸心理、鸵鸟政策、推卸责任、隐瞒事实，这些错误的态度不仅无助于问题的解决，甚至还会引发更严重的问题。

事实上，问题出现后的一分一秒都是十分珍贵的，因为随着问题的进展，在时间上失去控制，而随着危机的进展，各种不可测因素也会随之增加，通常是屋漏偏逢连夜雨，最后，太多的问题只会让事情变得一发不可收拾。

中途停顿最容易导致效率低下、虎头蛇尾

一个人做事的状态影响着他做事的效率，做事高效的人通常都会在做事时专注、认真，因为他们知道时断时续是高效的大敌。古人云：“一鼓

作气，再而衰，三而竭”，这也告诉我们做事不能断断续续，而是要一鼓作气，一次做完。

的确，做事要想效率高，良好的状态是必需的。而进入状态是需要时间的，因此，若是做事断断续续，必然会导致效率的降低，浪费大量时间。另外，人或多或少是会懒惰的，若做事中途有停顿，而非坚持做完，则很可能会因为想“休息一下”而拖延很久，效率十分低下不说，还会导致前松后紧，后期任务过多，质量下降，又没有应付突发状况的精力、时间。

在美国，曾经有这样一个调查：一个人胜任一件事，有85%取决于他的态度，15%取决于他的智力。认真、坚持就是好心态的表现。曾有人这样说：“坚持是机遇的种子，年轻人在求学和创业的道路上，在经过各种权衡比较之后，你要充分调动起自身的能量，在一段时间内只集中力量吃掉一件事。”其实，这个道理很简单，以挖井为例，找到了水脉之后，就要奋力往深处挖，而如果打一枪换一炮，那么，最终获得不过是一个个的土坑而已。而在发掘中所消耗的时间精力，已经永远找不回来了。

我们先来看下面一个故事：

孔子带领学生去楚国采风。他们一行从树林中走出来，看见一位驼背翁正在捕蝉，他拿着竹竿粘捕树上的蝉，就像在地上拾取东西一样自如。

“老先生捕蝉的技术真高超。”孔子恭敬地对老翁表示称赞后问：“您对捕蝉想必是有什么妙法吧？”

“方法肯定是有的，我练捕蝉五六个月后，在竿上垒放两粒粘丸而不掉下，蝉便很少有逃脱的。如垒三粒粘丸仍不落地，蝉十有八九会捕住；如能将五粒粘丸垒在竹竿上，捕蝉就会像在地上拾东西一样简单容易

了。”捕蝉翁说到此处，捋捋胡须，严肃地对孔子的学生们传授经验。

他说：“捕蝉首先要学练站功和臂力。捕蝉时身体定在那里，要像竖立的树桩那样纹丝不动；竹竿从胳膊上伸出去，要像控制树枝一样不颤抖。另外，注意力高度集中，无论天大地广，万物繁多，在我心里只有蝉的翅膀，我专心致志，神情专一。精神到了这番境界，捕起蝉来，那还能不手到擒来，得心应手么？”大家听完驼背老人捕蝉的经验之谈，无不感慨万分。

孔子对身边的弟子深有感触地说：“神情专注，专心致志，才能出神入化、得心应手。捕蝉老翁讲的可是做人办事的大道理啊！”

驼背翁捕蝉的故事向我们昭示了一个真理：凡事专心致志、心无旁骛，才能出色地完成，把工作做好做到位，取得成功。

事实上，除了捕蝉外，其他任何事又何尝不是如此呢？无论做什么事，最要不得的就是三心二意。戴尔卡耐基曾经根据很多人失败的经验得出一个结论：“一些年轻人失败的一个根本原因，就是精力分散，做不到专注”。托马斯·爱迪生曾说过：“成功中天分所占的比例不过只有1%，剩下的99%都是勤奋和汗水。”这句话告诉我们做事需要专注，不腻烦、不焦躁，一门心思才能取得好的效果。

我们再来看下面一个真实的故事：

在日本的一家小工厂里，有一位工人是初中学历。

他的上司总是对他说：“这事要这么做”，无论上司说什么，他总是一一记下，生怕漏了什么。每天，他的话都不多，总是埋着头在做他自己的事，双手粘黑，额头流汗。无论上司布置什么任务，他都日复一日，不厌其烦地认真完成。在工厂里他毫不显眼，一直默默无闻，但从无牢骚，

也从无怨言，兢兢业业，孜孜不倦，持续从事着单纯而枯燥的工作。

二十年后，当他已经离职的老上司再看见他时吃了一惊。当年默默无闻、只是踏踏实实从事单纯枯燥工作的人，居然当上了事业部长。令他惊奇的不仅是他的职位，而且从言谈中他体会到，这位工人已经是一个颇有人格魅力且很有见识的优秀的领导。“取得今天这样的成就，你很棒！”

的确，这位工人看上去毫不起眼，只是认认真真、孜孜不倦、持续努力地工作。但正是这种坚持，使他从平凡变成了非凡，这就是坚持的力量，是踏实认真、不骄不躁、不懈努力的结果。

然而，不得不承认的是，很多人在做事的过程中，总是容易被周围的人和事干扰。简简单单的一件事，他们时断时续，花费了太多的时间和精力。如果你也因此而苦恼，那么，有必要对自己进行一个意志力训练。你可以采取一些措施，有针对性地“磨炼”自己的浮躁心理，如练习书法，学习绘画，弹琴，解乱绳结，下棋等，有助于培养自己的耐心和韧性。

总之，我们要记住，任何一个人，要想有一番成就，或者做成一件事，都需要有踏实务实的品质。如果我们能安下心来认真做一件事情，就没有做不好的。

根据实际情况不断调整目标，不做无谓的努力

计划对于一个人的工作起着至关重要的作用。古人云，凡事预则立，不预则废。在工作中，学会制订计划，其意义是很大的，它是实现目标的

必由之路。然而，计划是否完备，是否万无一失，是否在执行的过程中与原定目标逐渐偏离，还需要在做事的过程中经常检查。可能你曾有这样的经历：上级领导交代给你一件任务，你也为此做了精心的准备，制订好了实施方案，在执行的过程中，你一鼓作气，认为完美无瑕，而当你把工作成果交给领导时，领导却认为这份成果已与原本的任务目标背道而驰。这就是为什么我们常常被上司、领导以及长辈们教导做事一定要带着脑子，一定要多思考，以防偏差。我们先来看下面一个故事：

玲玲是一名高三的学生，还有三个月，她就要上“战场”了。这天周末，姨妈来她家作客，玲玲陪姨妈聊天，话题很容易便转到玲玲高考这件事上了。

姨妈问玲玲：“你想上什么大学啊？”

“浙大。”玲玲脱口而出。

“我记得你上高一的时候跟我说的是清华，那时候你信誓旦旦说自己一定要考上，现在怎么降低标准了？玲玲，你这样可不行。”

“哎呀，姨妈，咱得实际点是不是，高一的时候，树立一个远大的目标是为了激励自己不断努力，但到了高三了，我自己的实力如何我很清楚，考清华已经不现实了。如果还是抱着当初的目标，那么，我的自信心只会不断递减，哪里来的动力学习呢？您说是不是？”

“你说得倒也对，制订任何目标都应该实事求是，而不应该好高骛远啊。看来，我也不能给我们家倩倩太大压力，让她自己决定上哪个学校吧。”

这则案例中，玲玲的话很有道理。的确，任何计划和目标，都应该根据自身的情况和时间段制订，不切实际的目标只会打击学习的自信心。诚

然，我们应该肯定目标的重要意义，但这并不代表我们应该固守目标、一成不变。很多专家为那些求学的人提出建议，要不断调整自己的目标。也许你一直向往清华北大，一直想能排名第一，但是根据第二步的分析，如果这些科目经过努力仍无法提高的话，就应该调整自己的目标，否则不能实现的目标会使你失去信心，影响学习的效率。

其实，不仅是学习，在工作中也要及时调整自己的计划。我们做事不能盲目，策略的第一步应该是明确自己的目标，有目标才会有动力，有了动力才能够前进。但在总体目标下，我们可以适当调整自己的计划，这正如石油大王洛克菲勒所说的："全面检查一次，再决定哪一项计划最好。"任何一个初入职场的年轻人都应该记住洛克菲勒的话，平时多做一手准备，多检查计划是否合理，就能减少一点失误，就会多一份把握。

在做事的过程中，当我们有了目标，并能把自己的工作与目标不断地加以对照，进而清楚地知道自己的行进速度与目标之间的距离，做事成果就会得到维持和提高，就会自觉地克服一切困难，努力达到目标。

的确，思维指导行动，如果计划不周全，那么，就好比一个机器上的关键零件出错，那就意味着全盘皆输。

一位名人说得好："生命的要务不是超越他人，而是超越自己。"所以我们一定要根据自己的实际情况制定目标。跟别人比是痛苦的根源，跟自己的过去比才是动力和快乐的源泉。

另外，即使我们依然在执行当初的计划，但计划里总有不适宜的部分，对此，我们需要及时调整。也就是说，当计划执行到一个阶段以后，需要检查一下做事的效果，并对原计划中不适宜的地方进行调整，一个新的更适合自己的计划将会使今后的工作更加有效。

因此，你可以把自己的目标细化，把大目标分成若干个小目标，把长期目标分成一个个阶段性目标，最后根据细化后的目标制订计划。另外，由于不同的工作有不同的特点，所以还应根据手头任务制订细化的目标。细化目标也能帮助我们及时调整自己的目标。

总之，应该根据自己的实际情况，制订一个通过需要自己的努力能够实现的目标，并且目标的制订不是一成不变的，要根据实际情况不断进行调整。经过一段时间的实践，你一定能够确定一个给自己带来源源不断的动力的目标。

“第一次”就把事情做对，返工反而消耗精力

相信在任何一家企业，精益求精都是老板对员工的要求，这是一种良好的工作态度。从自身角度看，这样是提高做事效能的一方面。做一件事，从一开始就踏踏实实认认真真去做，哪怕是慢些也没关系；因为当你发现做错了要重新来过时，耗费的时间和成本会更高，甚至都不一定有重新来过的机会。

然而，我们周围的大多数人，都做不到精益求精，只求差不多。尽管从表现上看来，他们也很努力、很敬业，但结果却总是无法令人满意。可见，在行为准则的贯彻执行上“第一次就把事情做好”是一个应该引起足够重视的理念。如果这件事情是有意义的，现在又具备了把它做好的条件，为什么不现在就把它做好呢？每个人只有把事情一步一步地做对了，

才可能达到第一次就把事情做好的境界。

有这样一位雕塑家，他曾经花了几年时间在同一件作品上。这天，他的一个老朋友来看他，问他怎么做同样一件事，他回答道："我一直在给它修改润色。"

"现在你来看，是不是比刚才看起来更有光彩了，面部表情也柔和了许多，还有……这里的肌肉也显得更加强健有力了。"

"这些细小的地方，别人不注意看，应该不会有太大的问题吧！"这位老朋友心存疑惑地对他说。

这位雕塑家回答说："也许你说得很对。但是，艺术的完美就在于精益求精。"

其实，不只是艺术品，做任何一件事，我们都要做到争取一次做好。

也许你会说，这怎么可能做到呢？人又不是神仙，怎么可能不犯错呢？不是允许合理的误差吗？不是允许一定比例的废品吗？实际上，这不仅是一种可能，而且是我们任何一个人都必须做到的。我们来试想一下，假设你所从事的工作是零配件的流水线生产，每一个配件被生产出来之后，都会被送去组装，对于那些零库存的产品，如果一个环节出现错误，那么，最终的结果就是导致全线停止生产，造成的损失是可想而知的。所以我们必须百分之百地"第一次"就把事情做对。

查理是一名在中国住了十年的美国人，现今的他在中国十多个城市都开了自己的家具城，管理着几千名员工。而我们没有想到的是，十年前，他不过是北京胡同里的一个家具学徒，他很爱木工，这也是他选择这个行业的原因。

他做事几乎达到了疯狂的程度，在大家都下班奔向夜店的时候，他依

然在店里敲敲打打，连他的老板都说：“不要在这件事上浪费时间了，它是毫无价值和意义的，查理!”

查理是个倔强的人，他觉得自己一定会在这个行业有所建树。于是，一有空闲，他就琢磨修理家具，很快地就熟练地掌握了修理家具的精湛技术。他如此认真仔细，甚至连老板都觉得有些过分。

不满足于良好状态，坚持做每一件事都精益求精成为他的工作习惯，也正是这种良好的习惯将这位年轻人推上一个又一个重要的位置。

不难想象，返工的负面影响有很多，一是浪费时间，把一件事做两遍，事半功倍；二是影响品质，再怎么做，也做不成原来想的那个样子，就像破的瓷，黏好了也还是有痕迹；三是会影响他人，现在是分工细化的时代，一件事都是由几个人分头完成的，你的事要返工，就会影响别人的进度，你的产品品质不好，是返工品，那整个产品也就成了返工品了。

也许你会问，该怎样做才能做到一次就做好呢？对此，我们有以下建议：

1. 做事多思考

接到一项工作任务，要先看清文件的要求，开始时在思考研究工作要下功夫。不要大致一看，凭着感觉就做，直到最后也不仔细看文件。结果东西都做得差不多时，才发现这样那样的问题。时间是否来得及是一方面，无谓的浪费也是不应该的。

其实，古人早就知道这个道理，叫“三思而后行”，只不过一到实践中有的人就做不到了。

2. 做事要多沟通

多听取不同的意见，让自己的方案或文件吸取各方面的意见，照顾各

方面的想法，尽可能地减少矛盾冲突，让自己的工作成果一次性过关。

3. 做事要多调研

在做工作前，要多方调研和考察，保证自己的工作成果经得起推敲和考证，才是减少返工的关键。

4. 做事要多推敲

不论是文字还是事物，都要反复推敲，不要轻易出手，自己不满意的东西，想要别人满意是不可能的。一个字、一个符号、一个报价都可能颠覆整个事情。特别是简单的事情，往往可能会疏忽大意，因小失大。

5. 做事要多请教

不要以为自己有多大能耐，“三个臭皮匠顶一个诸葛亮”，多一个人的智慧，你的作品就多一份闪光点。多请教不丢人，不失面子。善于借力的人才能站在别人的肩膀上进步，过去的帝王将相没有一个不是依靠智囊决策的。

把这些准备工作做足了，做事的成功率也就高了，想必也就能减少返工的可能性。

第9章

职场人士时间管理
——工作就是比别人更高效

身处职场，不知你是否思考过以下几个问题：为什么一天从早忙到晚，没有一刻空闲，却痛苦地发现，同事下班了，领导下班了，家人在催了，而自己仿佛仍有一堆事，不做完不能走，要做完没准就能看见天亮了……这是因为你不懂得管理时间。管理大师彼得杜拉克曾提醒我们，就如同管理者对组织而言是最重要的资源一样，时间就是管理者最重要的资源。作为一名职场人，最常见的时间浪费原因莫过于电话干扰、不速的拜访，以及开会。那么，接下来，在本章中，你将学到如何掌控这些常见问题。

公司老板的时间管理：抓大放小

可能有很多员工都羡慕那些高高在上的老板，他们似乎总是很悠闲地喝茶、打高尔夫，但却能将企业的大小事务管理得井井有条。他们是怎么做到的？因为他们懂得管理时间，懂得抓大放小、统筹全局。

的确，时间管理对一个大型公司的总裁来说，已经成为了一项重要的事情，因为他要在有限的时间之内处理最重要的事务。

美国第二大电脑公司的总裁库拉特，每年有三分之二的时间都不在公司。那么，他是怎么做到与客户沟通的？关键在于他善于授权，他聘请了一些已经退休的主管，然后让这些主管与客户进行沟通，在这项工作中，他通过电脑掌握了所有的客户信息和需求。另外，库拉特还授权别人替代他到外界去演讲。因为有授权，所以他才有更多的时间。

事实上，越来越多的CEO已经认识到授权工作的重要性。事实上，让别人来掌握自己的时间，并不代表我们会失去控制，相反，这样做可以自由地针对目标和策略做更广阔的思考。当然，这必须有一位得力的助手才行。美国东南航空公司的最高执行长官凯勒赫，他授权一位副总裁（是他的法律秘书）全权管理他的时间表。每天副总裁都会给他一张待处理的单子，里面的事情分成两类，一类是需要立刻完成的，另一类是最迟可以延长到明天早上完成的。这个效果非常神奇。

只见树木不见森林，是无法做到合理分配自己的时间资源，也无法真

正实现总体把握企业命脉。因此，我们可以归纳出CEO时间管理的要诀就是：抓大放小。

1995年2月27日，世界上有着233年历史的巴林银行垮了。具有四万员工、下属四个集团，全球几乎一切的地域都有分支机构的巴林银行怎么会垮呢？由于一个人——李森——巴林银行曾经最优秀的交易员之一。李森当年才28岁，是巴林银行新加坡分行的经理。他是25岁进入巴林银行的，主要做期货买卖。之前李森的工作非常出色，业绩也很突出，听说他一个人挣的钱一度达到整个银行其他人的总和。为了表示巴林银行对人才的注重，董事会决议采取一个政策，让李森具有先斩后奏的权益。可巴林银行没有料到，正是这一决议，使巴林银行走上了毁灭的道路。

从1994年底开端，李森以为日本股市将上扬，未经批准就套汇衍生金融商品买卖，希冀应用不同地域买卖市场上的差价获利。这一举措假设放在别人身上，早就惹起上面的检查了，可是李森有先斩后奏的权益，没有人对此表示异议。后来，在已购进价值70亿美元的日本日经股票指数期货后，李森又在日本债券和短期利率合同期货市场上做价值约200亿美元的空头买卖。这等于把整个巴林银行都压在了日经指数会升值上。

但不幸的是，日经指数并未按照李森的预测走，而是在1995年1月降到了18500点以下。在此点位下，每降落一点，巴林银行就损失200万美元。李森又试图经过大量买进的方法促使日经指数上升，但都失败了。随着日经指数的进一步下跌，李森越亏越多，眼睁睁地看着十亿美元化为乌有，而整个巴林银行的资本和贮藏金只需8.6亿美元。固然英格兰银行采取了一系列的挽救措施，但都没能救活这家具有233年历史的银行。

这家具有233年历史的银行为什么顷刻间化为乌有？因为管理上的失

误！28岁的李森并没有能力独自担当起这样的大任。同时，他在经营巴顿银行期间，独揽大权，即使作出错误的决策，也无人表示异议。

一个不能很好地掌握全局的领导者，是无法胜任CEO这一职务的。我们不难发现，一些保姆型领导，他们只看到员工做工作不如自己，总是忍不住事事横加指点甚至是事事代劳。殊不知，这种指点在团队成员看来或许是一种干涉。要知道，每个人都有自己的想法和自己的做事方法，如果你将自己的意志强加给他们，员工有可能变得消极怠惰、唯命是从，失去主观能动性，团队也不会有战斗力可言。

因此，如果你是一名企业的CEO，不妨把更多的精力用于拓展员工的发挥空间，激发他们的创造性，赋予下属充分的职权，同时创造出每一个人都能恪尽职守的环境上。这样，也许你的工作效率更高，也更有成效。

高层管理者的时间管理：果断决策

任何一家企业的命运都掌握在高层管理者的手里，而很多时候，企业的竞争就是效率的竞争，谁掌握的信息多、谁的速度快，谁就更容易成功。身为企业的高层管理者，必须要有一个品质，那就是果断。只有当机立断，勇敢去行动，才有可能取得成功；如果一味犹豫不决，瞻前顾后，思前想后，等下定决心的时候就只能看别人的成功了。这也是一个领导者必须具备的品质。

美国财富杂志曾经有一个报道高级主管是如何分身乏术的例子。高级

主管的一天时间是十分忙碌的，一个接一个的会议，电话不断，很多的研讨会，甚至于吃饭时也有人向你汇报，这叫早餐汇报，或者叫午餐汇报。这些高级主管们，既要有宏观的眼光思考公司的长远大计，又要聚精会神地盯着公司营运的那些琐事。前任惠普总裁、东南航空的最高执行长官以及天美时钟表的最高执行长官，这些名人几乎是常年在外。他们没有时间跟客户沟通，要接受采访，甚至还要跟总统开会，他们有什么秘诀来管理时间呢？

答案就是：时间管理其实就是做决策，是决策哪些事情重要，哪些事情不重要。

犹太人占全球的1%，但全球7%的财富在他们手中，因为他们是行动的主人。犹太人做任何事都尽最大的努力，从来不把今天的事留给明天，从不拖延，今日事今日毕。同时，作为领导者，做事要坚决果断，这是领导最为重要的内在素质。

对此，AJS公司副总裁普希尔提出：再好的决策也经不起拖延。在作出一项正确的决策之前，速度是关键。即使是一项好的决策，如果不能在公司中迅速达成共识，也等同于虚有。普希尔认为，凡是在某些行业内的领跑者，都具有迅速作出一项正确决策的能力；思虑太多，会阻碍迅速作出决策；任何一项正确的决策，都是现在做出来的。

前任惠普公司的总裁格拉特把自己的时间划分得清清楚楚，他花20%的时间和客户沟通，35%的时间用在会议上，10%的时间在电话上，5%的时间在看公司的文件上，剩下的时间用在和公司没有直接或间接关系，但却有利于公司的活动上。例如接待记者采访，预备商界共同开发的技术专案，或者总统召集他们参加有关贸易协商的咨询委员会。当然每天要留下

一些空档的时间来处理那些突发事件，例如接受新闻界的采访。

那么，高层主管们在企业管理中该如何决策呢？

1. 决策要果断

《论语·子路》里有句话："言必信，行必果。"意思是说话一定要守信用，做事一定要果断。做每件事的时候必须要说到做到，果断行事。

果断要求一个人有善辨的能力，并能迅速估算情况，然后适时作出决定。诚然，果断要求的是速度，但绝不是武断，具有武断性的人往往懒于思考而轻易作出决定。他们虽然也能快速作出决定，但往往欠缺周全的考虑，因此，他们作出的决定往往是主观的。

2. 在抓住机会的同时，也要迅速行动

要成功，除了要抓住机会，还要行动迅速。在机遇面前，千万不可犹豫，只有抓住机会，将构想赋予行动才会有意义，才可以领先对手，抓住机会取得成功。

在2003年年底，TCL收购法国阿尔卡特的手机业务，率先吹响了"全球规模"的中国企业国际化号角，2004年底联想又一举吞并了美国IBM公司的全球PC业务，进一步掀起了中国企业"全球规模"国际化高潮。我们把这几个问题拼图起来，慢慢就看清了事情的全貌：国际化有渐进式的"自我扩张型"国际化，也有跳跃式的"局部规模"购并国际化和飞鸟凌云式的"全球规模"购并国际化。

总之，高管们对企业的管理，实际上就是对时间的管理，善于管理时间的高管们深知做好管理工作就要做好决策，而无论是做决策，还是实施决策，都不可以优柔寡断、前怕狼后怕虎，决定的事就要勇敢地去做，只有抢先一步做，才可能为企业赢取先机，获得市场！

中层管理者的时间管理：随时解决问题

对于每个管理者而言，时间都是有限的，而对于中层管理者来说，他们的琐事比高层管理者明显多很多，除了例行工作之外，每天临时性的工作也会接踵而来（公司会议、客户拜访、媒体约见、临时事务等），要是没有时间管理和规划，很容易疲于应付，顾此失彼，抓了芝麻丢了西瓜，让自己一头糨糊而且疲惫不堪。

这个时候，效率专家们建议的方法是随时解决问题，用工作计划表和工作分类法相结合，有了新的临时工作内容，添加到自己的工作计划表中，按照工作分类法的不同等级，去优化处理。否则，等待办事项积压得越来越多时，我们就无法应付了。

米勒是一家外企的市场部经理，他的工作直接或间接地影响到市场部门乃至全公司的人，他总是忙得不可开交，想找点时间度假非常困难，可是他的工作却从来也没有干完过。因此他接受了一位效率专家的建议，从此，他的时间变得宽裕多了。

米勒说："现在我不再加班工作了。我每周工作50～55个小时的日子已经一去不复返，也不用把工作带回家做了。我在较少的时间里做完了更多的工作。按保守的说法，我每天完成与过去同样的任务后还能节余1个小时。

对我有极大帮助的另一点是'现在就办'的概念。我使用的最重要方法是制订每天工作计划。现在我根据各种事情的重要性安排工作顺序。

我有意识地尽力克服工作上的拖拉现象。首先完成第一号事项，然后再去进行第二号事项。过去则不是这样，我那时往往将重要事项延至有空的时候去做。我没有认识到次要的事项竟占用了我的全部时间。现在我把次要事项都放在最后处理，即使这些事情完不成我也不用担忧。我感到非常满意，同时，我能够按时下班而不会心中感到不安。”

米勒的时间管理方案是有效的，而根据他的说法，他节省时间的方法就是立即处理，拒绝拖延。

不得不说，目前很多企业中层管理者管理观念落后，缺乏一个职业经理人应具备的管理技能，依据自己的经验进行管理，企业缺乏统一的管理体系，是造成企业不能持续发展的根本。很多企业为了提高中层管理者的素质，花大量的资金和时间为中层人员提供培训，通过培训提升中层管理者的时间管理、沟通技巧、计划统筹、团队管理、工作授权、激励等管理技能，这些能力对中层管理者非常重要。但一个中层管理者不懂得如何分配自己的工作、合理安排时间的话，那么，这些能力都难以真正地发挥作用和效能。所以中层管理者在提高管理技能的同时，构建部门科学的管理体系才是提高部门管理效能的关键。

那么，作为一名中层管理者，具体该如何做好时间管理工作呢？

1. 做好计划管理

关于计划，有日计划、周计划、月计划、季度计划、年度计划。时间管理的重点是待办单、日计划、周计划、月计划。

待办单：将每日要做的一些工作事先列出一份清单，排出优先次序，确认完成时间，以突出工作重点。要避免遗忘就要避免半途而废，尽可能做到今日事今日毕，干一件了一件。

待办单主要包括的内容：非日常工作、特殊事项、行动计划中的工作、昨日未完成的事项等。

待办单的使用注意：每天在固定时间制订待办单（一上班就做），只制订一张待办单，完成一项工作划掉一项，待办单要为应付紧急情况留出时间，最关键的一项是要每天坚持。

每年年末作出下一年度工作规划；每季季末作出下季度工作规划；每月月末作出下月工作计划；每周周末作出下周工作计划。

2. 将不确定性因素考虑在内

在时间管理的过程中，还需应付意外的不确定性事件，因为计划没有变化快，需为意外事件留时间。

有三个预防此类事件发生的方法：

第一是为每件计划都留有多余的预备时间。

第二是努力使自己在不留余地又饱受干扰的情况下，完成预计的工作。这并非不可能，事实上，工作快的人通常比慢吞吞的人做事精确些。

第三是另准备一套应变计划。

考虑到不确定性，在不忙的时候，把一般的必然要做的工作先尽快解决。

基层管理者的时间管理：落实到位

在企业，基层主管是个官不大但权不小的职位，他们直接或间接管理

着员工，他们是产品质量的把关者，是服务标准的最后一道防线。所以做好一名基层管理者是件不容易的事。每天上班开班前会，检查员工的仪容仪表，安排一天的工作，检查员工的工作情况，应对麻烦的客人等等这些都让基层领导每天忙得不亦乐乎。面对这些繁琐而又不得不面对的工作，基层领导该如何管理好时间呢？答案就是要将工作落实到位。

具体来说，这些工作包括以下几项：

第一，给员工安排工作。

基层管理者就是与员工打交道的，给员工安排工作也就是最普遍的工作。工作完成的好坏与管理者的安排有一定的关系。管理者需要注意的是，对于不同的员工，可以分配其不同的工作。

例如，安排会场管理人员，需要安排那些细致有耐心的员工，一个活泼好动的员工可能不是很适合。对于那些重要的工作，还是安排经验丰富的老员工比较好，新手更容易出岔子。在一些大型的接待工作中要强调团队的协调统一，不要过分地依赖或过分地强调个人。

第二，耐心聆听基层员工的声音，找出问题的根源。

只有“听”才能找出问题的根源,问题通常埋在事实以下，不会自己暴露出来。不断地听，不断地问，才能水落石出，找到问题真正的关键所在。

第三，做好向上级领导汇报的工作。

对于基层工作中出现的问题、工作业绩等，你都有义务反映给上级，大部分基层管理者喜欢以口头陈述的方法，其实，除了口头报告之外，更重要的是要用书面报告，也就是要有每日记录、每周报告的习惯。因为顶头上司还有其他重要的工作，所以将问题汇报给他，使他随时了解进度和

问题所在，这才是真正的重点。

第四，发现基层工作中的问题立即寻找解决的办法，自己无法解决则向上级领导说明情况。

这里的问题是指立刻需要有答案的问题，比如，有顾客投诉，要求赔偿；又如工作现场发生状况，停工待料；或是同仁闹事、权益纠纷。这一类的事，不能拖延，以防止事态扩大，所以就得快速提呈上级领导，以便找到解决之道。

第五，将上级领导的命令传达给基层员工。

这里，基层主管需要明白一个传达的准则——“忠实传达”。“传达”并不是一件简单的事，大部分的人都喜欢加油添醋，把自己的意见和想法，加入原有的命令里，这是一件极不正确的举动。可惜很多主管用自己的意思解释上级的命令，使得上情不能下达，或者上情被严重曲解了，如果穿凿附会，那就更糟。

第六，避免杂乱无章的工作环境，耽误工作上的时机。

基层主管在自己的工作环境里，必须以身作则，使得环境有秩序、整洁。许多上班族会把上班地点当做自己家一样，东西随处乱放，都要靠基层主管纠正及指导。空间及时间是一体之两面，都是成本，杂乱无章使得效率降低，没有回转的空间，就不会有时间。

第七，绝不拖延问题，以免造成更大的危机。

“拖延”是一种习惯，往往在拖延下，造成危机。拖延的原因很多，一般而言都是上级没有指示，下级不知如何是好，或者时间紧迫，无法妥善处理，干脆不做，这是工作中不可避免的，也是基层主管必须克服的，基层主管一方面要锲而不舍地向上级说明事情的严重性，另一方面要谋求解决的方法。

第八，处理日常例行性工作尽量遵守时间管理的原则。

例如电话管理，文件、档案管理，沟通与时间管理等，乃是基本功。处理日常行政工作，只有靠扎实的基础功夫，处理问题时才能得心应手。

第九，充分利用等候时间，完成日常拖延的事。

总之，对于基层管理者来说，将工作落实到位是一个好的习惯，因为我们每天要面对很多纷乱复杂的小事，事情虽小，但不及时处理就会越积越多，难以下手。

会议时间管理：避免随意

身处职场，对于大部分人来说，想必都要开会，无论是例会，还是日常的会议，很多人一听到开会就伤脑筋，因为大把的时间都浪费在了开会上。可能你曾有过这样的体会：周五这天上午，你又作为一个旁听者参加了公司的一个战略级别的会议，从三点侃到五点，结束之后你发现似乎你听明白了什么，却好像又没听明白，本来安排由你做会议记录的，到头来你什么都没记住，似乎一个重点都没发现，你为此很头疼。

那么，为什么会出现这样的开会效果呢？管理人士提出：造成会议问题的常见原因有：议程不明确；没有起止时间；领导者随意、记录不规范、会议目标不坚定等，这些问题也造成了我们浪费了大量的时间。

为了节省时间，不少人使用电话视频会议，用电话会议这种形式时，在场者发言前应自报姓名，否则会造成电话那头的与会者一头雾水。例

如：“我是老包。我认为……”虽然电话会议及视频会议既经济又方便，但是有些重要的会议仍然需要传统式面对面的沟通会谈，比如，认识一位新客户，或推动一个新项目等。

那么，到底如何做好会议时间管理，让会议变得高效呢？不难发现，一些好的时间管理者总是在会议中寻求共识，他们得出的要诀是避免开会太随意。

1. 制订时间

有很多会议太冗长了，甚至导致一些会议参与者在会议上昏昏欲睡，或者玩手机、上网等。在人们的观念里，开会的时间多半是半小时、一小时甚至更长时间，但又有谁规定这个时间呢？这样的会议时间是不是有数据支撑？当然没有。30分钟或者60分钟这点时间要是留给每个人去阐述、辩论自己的观点显然不够，平均每个人需要1小时才能把思路理清。实际上只要我们在会议前将思路理清，将会议进程计划好，那么，我们是能控制好会议时间的，会议的效率也会因此提升。

2. 有一个基于目标的议程

开会的目的是什么？是要达到什么样的效果？这是必须要让会议参与人知晓的，也有助于让整个会议锦上添花、有的放矢。可以考虑在白板上写出议程的内容，同时加粗相应的关键点，由此不断提醒大家这个会议需要达到什么样的目标。

3. 提前邀请

匆匆忙忙开会，通常让那些参与者手忙脚乱、不明就里，他们会把会议的大部分时间花在熟悉文档上。当然，这个任务应该是由会议组织者承担的。

4. 准时开始

准时开始的会议到底有多少？答案是几乎没有。部分情况可能是因为Outlook等程序没有设置多个会议时间间隔的功能。为了偿还每天的会议时间债务，把时间控制在短时间内可以让你有足够的时间来缓冲和休息。

5. 站着开会

站着开会可以提醒大家不要让会议变得复杂或者引导到另外一个目标上去。发表你的观点或需求，否则就要保持安静。如果会上产生分歧，可以将分歧留到会后进行处理。

6. 不要带笔记本电脑，只要一个主持人和会议记录者

如果你能保证会议是在22分钟内搞定，那么就不需要带任何无关的东西进去，你需要做的是专心聆听。会议中只需一个人主持、一个人记录即可。

7. 没有电话以及其他

8. 注意会议重点

如果有议程，会议主持人就要让所有参会者遵守议程。如果议程已经确定，那么开会的时候要避免会议讨论离议题太远。

9. 尽可能快地发送会议记录

如果会议控制在了22分钟，那么就需要在第二次会议前尽快地将会议内容和决议发出来。

10. 做会议总结

在你向大家宣布“会议结束”之前，请务必将会议的决议事项做一个总结。

最好的方法之一是很快地将决议之行动事项复述一遍。例如：“若记

录无误的话，那么就请琳达负责专案报告；小苏将负责联络在旧金山的厂商；May将分发安德生一案的相关资料给大家……”这样，会议参与者也都了解自己的职责。最有效的方法是将行动项目列在另一页，或是在原有记录上做特别的标示，两者皆可行，白纸黑字、清清楚楚地列下行动项目与要求标准。

可见，要想避免被会议牵着鼻子走，要想高效地组织会议，我们就一定要做好规划，避免随意。

电话时间管理：高效接听

不得不承认，通信行业的发展给人们的工作带来很大的便捷，其中就包括电话。然而，电话在普遍使用后却成为浪费时间的重要来源。这是极具讽刺性的一件事。管理者不难发现，有些管理者不但不能支配电话，反而为电话所支配。

仔细分析，不外乎几点原因：第一，管理者什么事都亲力亲为，事必躬亲，每通电话都接听；第二，太过客套，语言繁琐；第三，缺乏谈话技巧；第四，对外来电话没有过滤。当然，针对这些问题，有些可以由秘书或助理解决，但有些问题需要我们做到自律。这里，有以下几条建议：

1. 加强授权，外来电话秘书接听

先将外来电话进行分类，大致有以下四类：

第一类为误拨的电话：也就是说，可能是本该打进其他部门的电话，这类电话可由秘书直接拦截；

第二类为涉及公司业务，但可由秘书或助理代为处理的电话；

第三类为不紧急电话；

比如，此时的你正在从事其他工作，而电话打进来，秘书可以这样回复对方："可不可以请他一有空即给您回复？"

第四类为难以分辨重要性的电话。秘书接到这一类电话时可用"他正忙着，您是否要请他接听？"之类的话语来分辨电话的重要性及采取适当的对策。

作为管理者来说，让秘书为你接听电话，不但可以训练秘书处理来电或将它授权给部门中可以处理的人员的能力，还能适时地服务给来电者。

比如：

来电者：我是戴夫，我想向老张拿一下上个月的费用清单，顺便我想问一下，下周五在北京郊区的老总会议，他要不要和我一起去？

秘书：您好，张总真在忙，不过王小姐也可以告诉您所要的资料。请您稍等，让我看她在不在座位上。至于会议，据我所知，张先生下周要去美国出差，所以我想他不会跟您一起去的。

再比如：

秘书：邱先生来电，他想问您关于娄氏项目的费用合计是多少？

经理：请告诉他我正忙着，需要再过二十分钟才能回电答复他所要的数字。顺便请你把娄氏项目的档案找出来给我。

2. 事后回复电话

这种办法具有以下三种好处：

第一，外来电话可以累积下来一起回复，这样有助于时间的节省；

第二，管理者可获得充分时间做有关回复电话的准备工作；

第三，管理者可选择最适当的时间回复电话。例如在午饭前或下班前的时间回复，可令对方长话短说，速战速决。

不过，有些管理者却担心采取事后回复的方式会破坏既有的良好人际关系。但若秘书先让来电者了解管理者正在忙碌之中，希望他能让管理者事后回复，然后再请教他的尊姓大名，则来电者将不致产生被歧视的感受（秘书切忌先问姓名再提议管理者事后回复）。

3. 打出去的电话应由秘书代拨

除非为了表示特别尊重受话者（如长辈或上司），否则先让秘书代拨电话。亲自拨电话常会遭遇线路不通或受话者不在等情况，这类时间的浪费是无可弥补的。

4. 尽量将需要打出去的电话集中在一起

这样做可节省时间。但是对每一个电话所要传递的信息重点，则应事先记下，以免通话后突然想起漏了某些项目而须重拨电话。

5. 设置不接听电话（紧急事件除外）

这些不得干扰的时段可用来做最优先重要的工作，例如面谈，完成重要建议案等。

比如：

秘书：她在一个半小时内不会有空，但是可以在11点到11点半间，或下午3点到3点半之间回您电话。不知道哪个时间段回电对您较为方便?

6. 避免以题外话作开场白

除非你当时时间空闲，想和对方闲话家常，否则不应以“您好吗?

好久不见了。”或“最近在哪个俱乐部打高尔夫”之类的话语作开端，因为这些话语最容易引起无休止的谈论。最好是以礼貌的方式开门见山地道出原意，例如“张兄，如您现在时间容许，能否答复我两个问题？第一、……第二、……谢谢。”

7. 及时打断浪费你时间的来电

当然，即便是打断别人的谈话，也要注意自己的态度，要保持礼貌。比如：

经理：（打断对方）王兄，真不好意思我不能再和你讲了，有人正在等我，不能让他们再等下去。也许我们待会儿可以再聊，抱歉。

总之，对于有效的时间管理而言，电话同时具有极大的帮助和破坏性。当你利用电话与对方联络时，它就是助力；反之当接到不速的电话时，它就成了妨碍。但如果你能巧妙利用电话，掌握好电话时间管理的秘诀，你就能成为电话的主人。

养成写工作日志的习惯

在日常工作中，我们每天都渴望进步，从而提升自己事业发展的空间，但前提是我们要学会管理工作和时间，总结就能帮助我们提高和进步。在每天的工作中，即使你完成了很多任务，但如果你没有将这些工作及时地记录下来，数日后或许你就会忘记哪些工作做得不够还存在问题，哪些工作需要及时改进和提高，哪些重要工作需抓紧落实……如果以工作

日志的形式记录下每天的工作事项，清楚自己每天的工作进展情况，就能做到有备无患。同时把好的经验借鉴到今后工作中去，分析工作中的失误及不足之处的问题所在，找出解决方案，便于下步开展工作。

再举个例子：在今天一天的工作当中，你一共打电话给了十个客户，以了解你的工作意向，电话打完后，你不妨尝试着记录下这十通电话的沟通情况，很快，你就能发现，在和客户沟通的时候，不同的客户会对你的产品或者工作提出不同的问题和疑问。比如有的客户说价钱贵，有的客户说政策操作麻烦，控价体系不完善等等问题。当你第二次再给客户打电话的时候，就可以提前把客户的所有问题或疑惑都打消，这样就可以为你跟客户顺利合作打下良好的基础。

不难发现，工作日志对我们今后的工作大有帮助。

1. 培养了严谨的工作作风

严谨的工作作风是在点滴之间培养起来的。只有把工作中的点点滴滴都做到了，做好了，才能把工作做好。由点及面、由细到深，在这一点上做销售工作的人员可能是最有感受的。怎样才能不遗忘或漏掉这些“点点滴滴”呢？那就要靠良好的工作习惯——工作日志来解决这个问题了。只有在工作当中多记、多想才不会疏漏这些小点滴、小事情。因此说工作日志培养了严谨的工作作风。

2. 工作日志梳理了工作条理，增强了思维的逻辑性

在写工作日志的时候，当你把记忆中的东西再转变成书面文字的过程当中，必定要对已完成的工作在大脑中进行一番整理，保证了大脑的清晰性，使工作内容更加透明，梳理了工作条理，增强了思维的逻辑性，使你更自信、更勤奋、更积极地面对每天繁重的业务和激烈的市场竞争的挑战。

因此，管理专家们建议，每个职场人士都要养成写工作日志的习惯。

那么，我们又该怎样写工作日志，它包括哪几个部分呢？

1. 每天工作事项的记录

刚开始可以简单地记录下每天的工作事项，以后逐渐地在记录的过程中你就会发现，每天只记做完的工作，那么没做完的工作怎么办呢？我每天怎么老是完不成工作计划？我明天一定要完成，从而树立了坚强的意志，激励了自己。或者我记录下了每天的工作事项，较轻松地完成了工作的计划，工作当中还有富余的时间，我还有精力或能力去做更多的事情，又何尝不去多做些事情呢，进而开发了潜能。

2. 每天遇到工作问题的记录

开始写工作日志的时候，可能是简单的问题记录，俗话说，熟能生巧，只有和你每天面对的问题见面的次数多了、熟了，才能找到解决的好办法。对问题处理得好的情况，可以借鉴，应用到以后类似问题的处理上；对处理得不好的问题通过记录、分析，找出更好的解决方法，扬长避短。

3. 工作心得的记录

在每天写工作日志的时候，你会发现自己的思维清晰了，逻辑性加强了，进而个人的工作心得和看法也增加了，对待问题和挫折的时候，自己的处理能力也有了。清楚地了解自己的个性定位，对个人今后的人生发展有百利而无一害。

4. 罗列能预想的第二天的工作内容

把自己能预想到的第二天应该的工作和该处理的问题简单列出来，使自己在第二天的第一时间解决掉这些事情，形成了严谨的工作作风，培养自己有计划、有目的的工作习惯和能力，看得更远，想得更深，飞得更高。

总之，树立正确的写作理念来完成工作日志是一个好的工作习惯，向往美好的东西和追求美好的事物是每个人的心愿。那么对于这么一个对我们的工作有帮助、有意义的好习惯（工作日志），为什么不去积极地培养呢？因此要强制树立正确的写作理念，对自己写工作日志充满信心，久而久之，你便能养成这种好习惯了。

简化报告文件，节省时间

工作中，每个领导都不希望下属跳出自己的视线之外，他们都希望全程掌握下属的工作状况，但日理万机的他们，不可能做到事无巨细，这就是我们为什么要写工作报告的原因。在大多数人看来，报告写得越长，越能表明我们认真的工作态度，然而，事实正好相反，任何一名领导的时间都是有限的，他们更愿意看到的是一份精简的报告，这不但是提高工作效率的方法，更能看出我们对报告所倾注的精力。

因此，写工作报告，切忌“施脂太赤，施粉太白”，要力求做到字字珠玑，最好能把报告凝缩在一页之内。

宝洁公司是世界知名企业，他的前任总裁名叫理查德，他是个行动迅速、工作起来效率极高的人，他最看重的就是时间。在他出任宝洁总裁的这段时间内，他一直有一个习惯，那就是：从来不接受超过一页的报告。

理查德常常将下属交给他的报告退回去，然后在这份报告的封面上加上一句：“请把它精简成我想要的东西。”原因是这份报告太冗长了，他

毫不客气地对这些下属说："我不理解复杂的，只理解简单的，我工作的一部分就是教会你如何把复杂的东西简单化，只有这样，我们才会更好地进行下一步工作。"

已经熟悉写报告流程的你可能感到惊讶，把报告精简在一页之内？这怎么可能做到？不是需要十五页左右吗？但是宝洁公司做到了。这确实引起了很多人的兴趣，为此，一些人对这个问题进行了调查研究，研究发现，理查德所接受的报告都是那些已经做出大量的数据支持和事实证明的基础上的。

不难理解为什么理查德只接受这样简短的报告？因为这样做能减少领导者以及其他人在阅读报告时所需的时间。事实上，这也是宝洁公司管理层之所以高效工作的秘密所在。

为什么要将报告浓缩成一页呢？它至少有以下三大好处：节省了大量的、不必要的阅读时间上的浪费；要点鲜明集中，容易避免产生误解；只有少量的问题有待讨论，审核的速度加快了，工作效率也提高了。

不错，一份冗长的报告也许写的时候不会太难，但是若要将它缩减成一页纸，那么难度就很大了。如何才能做到这一点呢？方法就是：告别那些烦琐的重复性语言；要有清晰的结构与观点。

1. 要有重点，不可眉毛胡子一把抓

写报告的目的，有时是一件事，有时是几件事一起作汇报，但无论汇报什么，都应该把握重点，而不能眉毛胡子一把抓，更不可重复啰唆。领导的时间是宝贵的，只有有重点、有条理地写报告，才能为领导节约时间，还能体现自己干练的工作风格。

2. 条理要清晰

分一二三四点地写报告，能让领导清晰地领悟报告的内容。

3. 把握领导倾向性意见

有时一件事只有一种解决办法，有时有多种。因此，在写报告前，你要考虑好领导更倾向于哪一种方法，对于这种方法你就要分析得清晰一点，然后再把其他建议也一并写进报告中，供领导决策参考。

4. 多提解决的方法

写报告最重要的是提出解决问题的方案而不是简单地提出问题。要记住，汇报问题的实质是求得领导对你的方案的批准，而不是问你的上司如何解决这个问题，否则事事上司拿主意，要下属还有什么意义呢。我们去找领导汇报工作时要预备多套方案，并将它的利弊了然于胸，必要时向领导阐述明白，并提出自己的主张，然后争取领导批准你的主张，这是报告的最标准版本。假如你交给领导的是这样的报告，相信你离获得晋升已经不遥远了。

可见，为了提高自己和领导的工作效率，在工作中应采取最简单可行的方法以节约时间，“一页报告”就是一种行之有效的良好方法。它既可以减轻普通员工的负担，又可以促成管理结构的简化，还可以使上下级之间达到高质量、快速的沟通。

别让办公桌耽误你的工作

身处职场，相信每个人都羡慕那种做起事来从容不迫、有条不紊的人，他们总是能将工作和生活权衡得井井有条。我们暂且不探究他的工作

方式，先来看看他的办公桌：在他的办公桌右上角，放着一部电话机，好像仆人一样恭敬地守在那儿；几支签字笔也像小兵一样排得整整齐齐。他的电脑上没有东一张西一张的便利贴，更没有那些乱七八糟的草稿纸，一切看起来舒服极了。也许你会说，我的办公桌也是如此。果真如此吗？

事实上，我们不得不承认，在公司的办公区域内，很多人的桌面都是杂乱无章的，他们的公文包随意地丢在椅子上，文件到处都是，还有那些材料、过期的杂志和报纸，喝剩下的咖啡和茶水等等。每当他们需要寻找一份文件或者文具时，他们需要把桌面上的东西翻个底朝天。试想一下，在这样的工作环境中，工作效率怎么能提高？太多的时间浪费在寻找东西上了。

总有人对那些高效率者的工作方法表示疑问，其实，他们只是工作得条理化而已。美国著名的管理学家蓝斯登说：“我欣赏彻底的和有条理的工作方式。那些成功人士，当你向他询问某件事情时，他立刻会从文件箱中找出。当交给他一份备忘录或计划方案时，他会插入适当的卷宗内，或放入某一档案柜中。”

也有一些人会对这种方法表示不认同，在他们看来，这是放松的工作环境，让人觉得随意，能催生灵感。当你把头部埋进一片废纸堆的时候，你的心情会轻松吗？想必那些堆砌的资料只会让你急得满头大汗。更糟糕的是，凌乱的东西会随时分散你的注意力：一个小纪念品、一张画片都有可能突然出现在你的视线里，从而扰乱你的工作进程。

另外，办公环境的整洁与否，反映着你工作是否有条理性。办公桌上杂乱无章，会让你觉得自己有堆积如山的工作要做，可又毫无头绪，从而让人丧失信心、加大压力，降低了办公室生活的质量，影响工作效率。

请看下面这个例子：

利亚姆32岁，年纪轻轻的他已经是一家公司的总裁，他的家人为他的成就感到自豪，周围的人也总是对他投来羡慕的目光。但利亚姆的压力实在太大了，他每天都把大部分时间放到了工作中，他除了睡觉外，几乎都待在办公室，他感觉到自己总有做不完的事。终于有一天，他感觉自己的精神快要崩溃了，于是他去看心理医生。

踏进老友克拉克给自己介绍的詹姆斯诊所时，他的脸上写满了紧张和恐惧，他不知道如何是好。在医生的疏导下，他说出了自己的痛苦。他对医生说："我的办公室里有三张大写字台，上面堆满了东西，我每天都把全部的精力投入到工作中，可工作似乎永远都做不完。我觉得压力好大，好辛苦。"

在听完他叙述后，詹姆斯医生建议他清理办公桌，只留一张写字台，当天的事当天必须处理完毕。他听从了医生的提议，从此，他觉得工作轻松、简单多了，工作效率也提高了。

看完利亚姆的故事，现在我们应该都能明白保持办公桌面整洁的重要性了吧！千万不要以为这只是个美学问题，整齐的办公环境并不表示你是个完美主义者，而是条理化工作的需要。

其实，整理办公桌的过程，也是你整理思路的过程。不管你有多么忙，也要把办公桌收拾得整洁、有序。在每天下班之前，把明天必用的、稍后再用的或不再用的文件都按顺序放置好。保持这个习惯，你的工作也将变得有条不紊，简单而快乐。

那么，接下来，让我们一起为你的办公桌做个瘦身运动吧。

如果条件允许，你可以选择一个L形的办公桌，因为它有较大的工作

空间，电脑也不会碍手碍脚。要用电脑时，转个45° 角就行了。

如果你经常把电脑主机也放到桌面上，那么，有五成的办公区域都已经被浪费了，它会使你的工作面积变得很狭小，不妨尝试将主机放到地上，在你的脚踢不到的地方。

主机这个笨重的家伙离开了你的桌面，还会觉得工作空间不够？接着清理吧！

扫视一下你的办公桌，那些东西真的是你所需要的吗？是不是有太多小文具，诸如铅笔、圆珠笔、公文夹、档案夹、订书机之类的东西，你的办公桌肯定有抽屉，将它们都扫进去吧！如果是公用的柜子，不妨在你的柜子上贴上自己的名字，这样就不会混乱。

再去看看你的文件架，将它们按照日期和月份都分开放，待办文件和已办文件也分类放置！

到了该喝水的时候了，不要否认，你肯定做过这样的事，原本你想去拿手边的一个东西，但却不小心打翻了咖啡，满桌子都是咖啡渍，甚至还洒到衣服上，你又气又恼，但有什么办法呢？这是你自己犯的错误！要不换一下咖啡杯吧？你可以选择一个带杯盖的，这样，不但能保证咖啡的温度，还能避免咖啡洒漏。另外，如果你的确是个笨手笨脚的人，那就买一个重量级、宽底小口、像金字塔般稳当当的杯子，它会老老实实地待在桌面上的。

是不是觉得有点不方便呢？再简单的办公桌还是要把那些必备文具用品摆到手边的。

现在看来，一切完美了，即使办公室突然停电，你也会找到你想要的东西。最后，为了让你的心情更好，你可以将你的爱人或者孩子的照片放到你可以看得见的地方，简化办公环境并不意味着我们不能保持自己的个性！

第 10 章

日常生活时间管理

——人生从容的生活良方

有人说，对于忙碌的现代人，最看重的就是效率。然而，在我们的身上，却隐藏着很多时间的盗贼，比如拖延、逃避、坏情绪等。要学会管理好时间，提高做事效率，首先就要将这些盗贼从身体里清理出去。要知道，坏习惯是不太容易改掉的，而新的习惯如果不是“自然而来”的话，也难以养成。但还是可以做到，只要我们把时间观念真正融入到生活和工作中。

学会管理情绪，让好心情带来高效率

“快乐时做事效率最高。”我们经常有这样的体验，心情好的时候，就充满了工作的热情，而当心情不好的时候，就提不起做事的劲头。关于情绪对学习效率或工作效率的影响这一问题，有这一条定律——耶尔克斯-多德森定律。这条定律认为，操作与激动水平之间的曲线关系，随着操作的难易和情绪的高低而发生变化。操作困难的代数问题的最佳状态，处于较低的激动水平；操作初等算术技能的高峰，处于中等激动水平；操作简单反应时的高峰，处于较高的激动水平。

的确，好情绪带来好状态。积极的情绪像晴天，光芒普照大地，消极的情绪像阴雨天，抑郁沉闷。在良好的情绪的引导下，我们的大脑会受到积极的刺激，心跳加快，也能反射性地引起大脑皮质和脑部兴奋性提高，从而充分发挥人体潜能，负面情绪则有着全然相反的作用。

而实际上，情绪的好坏对做事效率的影响是通过对时间来起作用的。举个很简单的例子，当遭到第N个客户的拒绝时，销售员甲的反应是：“加油，你很忙，被拒绝说明我还有很多路要走，要不断锻炼自己，改进我的不足，这样客户就会更容易接受我和我的产品了！”而乙销售人员的反应则是：“唉，为什么我就这么差劲？我为什么总是这么倒霉？为什么客户总是要拒绝我？我怎样才能让客户不再拒绝我？”

接下来，这两种不同的态度导致了甲、乙两人所关注的焦点的不同，

从而影响了他们对自己时间的安排：甲会在业余时间把精力放到学习和为自己充电上，而相反，乙则不断自我怀疑、自我否定。我们看到，甲的时间都用在了通往成功的路途上，而乙的时间则用在了情绪消化上。试问甲乙两人谁成功的可能性更高呢？

因此，从这一点上，我们可以说，时间管理的关键就是情绪管理。情绪决定了我们关注的焦点在哪里，焦点决定了我们的时间用在哪里，是否将有利于我们快速达成目标。很多表面看来属于时间管理的问题，实际上都是自身情绪管理能力的问题。

因此，高效的时间管理者建议我们，当你心情不好的时候，应该学会自我调节，不管在工作上遇到了什么问题，都要多角度思考，力争把坏事想成好事。这样，你才能始终保持愉快的心情投入到工作之中。

然而，现代社会，人们为了生活，四处奔波，工作和生活的压力常常使得我们喘不过气来。人们急切地希望寻找到一种能帮助自己清理情绪垃圾的方法。以下是几条建议。

1. 主动工作，获得快乐

只有积极主动地工作，才能感受到其中的乐趣，才能对工作越发有兴趣。有了兴趣，效率就会在不知不觉中得到提高，工作效率提高，成绩也就明显，自我价值得到认同后，又会激发我们以快乐的心情工作。

2. 积极暗示自己

生活是千变万化的，悲欢离合，生老病死，天灾人祸，喜怒哀乐，都在所难免。一次被拒绝的失望，一场伙伴的误会，一句过激的话语，都会影响我们的心情。生活中的不顺心事总是很多，这就需要每个人要学会调节自己的心态。怎样调节呢？最简单有效的做法就是用积极的暗示替代

消极的暗示。当你想说“我完了”的时候，要马上替换成“不，我还有希望”；当你想说“我不能原谅他”的时候，要很快替换成“原谅他吧，我也有错呀”等等。平时要养成积极暗示的习惯。

3. 自我激励，告诉自己“总会有别的办法可以办到”

这是用理智控制不良情绪的又一良好方法。恰当运用自我激励，可以给人精神动力。当一个人在困难面前或身处逆境时，自我激励能使其从困难和逆境造成的不良情绪中振作起来。

竞争激烈的市场中，每天都有公司成立，但每天也有公司停止运营，那些半路退出的人说：“竞争太激烈了，还是退出保险些。”真正的关键在于他们遭遇障碍时，只想到失败，因此才会失败。

如果你认为困难无法解决，就会真的找不到出路。因此，你一定要拒绝“无能为力”的想法，告诉自己“总会有别的办法可以办到”。

4. 转换思维

这也是消除不良情绪的有效方法。所谓转换思维，是让我们走出思维死胡同的一个好方法，要求我们从另外一个角度看问题，这样就有利于消除和防止不良情绪。

比如，上司总是安排你和一个能力差的同事一起共事，大部分的工作都是由你来完成的，你可能会为此愤慨，但最终获得更多工作经验的人何尝又不是你呢?

总之，快乐的心情可以成为事业和生活的动力，而恶劣的情绪则会影响身心的健康，更会打乱我们的时间规划。现实的工作和生活中，无论我们做什么，都应该学会管理自己的情绪，保持好精神，拥有好心情，才是至关重要的。

抵制住欲望，让生命接受你的掌控

相信每个人都知道努力工作和学习的重要性，因为时间不等人，但在我们的内心，似乎总有个累赘，它总是会勾起我们懈怠的细胞，它就是欲望。比如，你原本打算去图书馆学习，但在路上，你却发现商店里正在打折，你的脚步被定格在那；你原本想留下来写个报告再回家，但朋友突然打来电话，马上有个聚会，问你参不参加；你马上就要缴购车贷款了，但偏偏你盼望已久的一件名牌正在打折……面对这些欲望的诱惑，你该怎么办？

不得不说，现代社会，放眼所及，在我们的周围，充满着新奇、精彩的各种各样的人、事、物，甚至连人们的衣、食、住、行、育、乐等各个方面，也随时都有着丰富多彩的选择。但我们如果听从欲望的召唤，就很有可能被欲望控制，扰乱我们前进的脚步，大把的时间就会被浪费，我们的生命也会因此而灰暗。

皮埃尔·布尔古说过："人们常常听到这样一句话：'是欲望毁了他。'然而，这往往是错误的。并不是欲望毁了人，而是无能、懒惰或糊涂。"

事实上，任何一个高效率者也必定是自制力强者，他们懂得如何将自己的欲望装进笼子，这也告诉我们，我们绝不能向那个软弱的、懒惰的、消极的自我妥协，而应该坚决抵抗，否则，纵容自我就等于走向毁灭。

凯瑟琳是个典型的女强人，从大学毕业到现在已经有八年时间，在这八年时间内，她为公司带来很多利润，如今的她已经是这家公司的副

总了。但令她烦恼的是，和她的工作成绩一样，她的体重也是“蒸蒸日上”。这主要还是因为她的饮食习惯导致的。

在曾经的几年时间内，她最大的爱好就是在办公室的抽屉里放上巧克力，她每隔半小时就得吃一块，甚至一次吃上五六块，她很喜欢巧克力在嘴里融化的感觉。只要能吃上一口巧克力，即使再累，她也会立即有了精神。

但如今的凯瑟琳却不知如何是好，她知道问题出现在这里，但怎么才能解决呢？

凯瑟琳是个很有意志力的女人，她曾在上学时在半个月内把成绩从全班第十名提升到全年级第三，她曾经为了在校运动会上拿到八百米赛跑的第一名每天早上五点起来锻炼；曾经在和一个客户打交道的过程中，她被客户拒绝了十几次却依然没有放弃……想到这些，凯瑟琳告诉自己，难道区区几块巧克力能打倒自己？

说做就做，她从自己的抽屉里撤掉了这些巧克力，把它们分给了办公室的那些下属们。当然，她常常会怀念那些巧克力的味道，她也完全可以去下属们的桌子上拿一块尝尝，因为他们并不知道副总把这些巧克力分给自己的真实原因。曾经一段时间内，巧克力的压力一直沉甸甸地挂在她心头。但她问自己，如果偷偷吃了一块，那么，我会找借口鬼鬼祟祟吞下另一块吗？这种压力如此之大，以至于凯瑟琳宁愿给10米开外的下属打电话或发邮件，也不愿意走过去面对人家桌上诱人的巧克力。

但就在三周以后，凯瑟琳发现，自己完全能控制住对巧克力的欲望了。她甚至能弯下腰去闻下属桌上巧克力的香味而不去吃。

很多凯瑟琳的姐妹都感到诧异，她们依然拿着自己心爱的奶昔、薯条，慨叹自己为什么意志力如此薄弱。相比之下，凯瑟琳也无法想象自己

竟有这么坚强的意志。不过无论什么原因，她做到了，现在，她又看到了自己昔日苗条的身材，现在的她也更有自信了。

案例中的凯瑟琳是个自控力很强的女人，在意识到巧克力对自己身体的危害之后，她能果断“戒掉”。这对于很多无法抵抗住美食诱惑的人来说是一个最好的激励。

在我们需要抵抗的欲望中，有来自名利的，有物质上的，有情感上的，但无论如何，我们只有学会与自己博弈，长期坚持下去，我们的“自制力模式”就会开启。

然而，不得不承认的一点是，现代社会，随着物质生活的提高和科学技术的进步，一些人被周围的花花世界所诱惑。一有时间，他们就置身于灯红酒绿的酒吧、歌厅，就连独处时，他们也宁愿把精力放在玩游戏、上网上，而时间一长，他们的心再也无法平静了。他们习惯了天天玩乐的生活，他们再也没有曾经的斗志，最后只能庸庸碌碌地过完一生。

总之，任何一个人都要学会战胜自我、培养自制力，纵容自我只会让我们不断沉沦，闲暇时我们不妨多花点时间看书、学习，不断地充实自己，才能在未来激烈的社会竞争中立于不败之地。

不浮不躁，沉心静气做好事

任何一个人都知道，专心是高效率做事的前提，将任何有意义的事情做好，也是成功的预示。因为你倾注了更多的热情和努力，在实际工作中也比别人想得更周到。

然而，在做事的过程中，似乎总有一股力量干扰我们，这种力量叫浮躁。“浮躁”指轻浮，做事无恒心，见异思迁，心绪不宁，总想不劳而获，成天无所事事，脾气大，忧虑感强烈。一些人在做事时，开始的时候是一腔热血，然后是热情消退，最后完全放弃。这就是浮躁心理的作用。比如，有的女青年看到歌星挣大钱，就想当歌星；有些男青年看到企业家、经理神气，又想当企业家、经理，但又不愿为了实现自己的理想努力学习。还有的人兴趣爱好转换太快，干什么事都没有定性，今天学绘画，明天学电脑，三天打鱼两天晒网，忽冷忽热，最终一事无成。

为此，一定要克服这一心理，让自己的心沉静下来。

的确，现实世界中，在我们追求做事、追求梦想与目标的过程中，确实存在很多影响心绪的因素，做不到有条不紊地工作，就容易被干扰。

罗马纳·巴纽埃洛斯是美国第34任财政部长。但在当初，她只是一位贫穷的墨西哥姑娘，16岁就结婚，后来失去了丈夫的支持，独自抚养两个儿子。但是，她那时就决心谋求一种令她自己及两个儿子感到体面和自豪的生活。于是，在梦想的支撑下，她口袋里装着7美元，带着两个儿子乘公共汽车来到洛杉矶寻求更好的发展。

最初她做洗碗的工作，后来找到什么活就做什么，拼命攒钱直到存了400美元后，便和她的姨母共同经营玉米饼店，结果非常成功，并开了几家分店。后来，她经营的小玉米饼店铺成为全国最大的墨西哥食品批发商，拥有员工300多人。

在经济上有了保障之后，巴纽埃洛斯便将精力转移到提高她美籍墨西哥同胞的地位上。她和许多朋友在东洛杉矶创建了“泛美国民银行”。这

家银行主要是为美籍墨西哥人所居住的社区服务。如今，银行资产已增长到2200多万美元。但她的成功确实来之不易。当初，有人告诫她说："美籍墨西哥人不能创办自己的银行，你们没有资格创办一家银行，同时永远不会成功。"就连墨西哥人也说："我们已经努力了十几年，总是失败，你知道吗？墨西哥人不是银行家呀！"

但是，她始终不放弃自己的梦想，努力不懈。如今，这家银行取得伟大成功的故事在洛杉矶已经传为佳话，巴纽埃洛斯也成为美国第34任财政部长。

可见，人只有在内心坚定自己的目标，内心的力量和头脑的智慧才会找到方向，才能摒除外界的众多流言飞语和诱惑。

人们常说："一心不能二用"。的确，一个人如果在他心烦气躁，或急于求成，或六神无主的时候，无论如何也不能把事情做好。要想做好事情，就得专心，有条不紊。人做事应该尽求完美，做一件事就专心致志，那样才能享受到做完事情的快乐及成就感。而你的心情也会愉快，能力也会相应提高，心态也会相应平和起来。如果每件事情都能这样做下去，形成了一个良好习惯，那么你以后做什么事情都可以有条不紊、思路清晰。

相反，如果你在做这一件事情的时候，心绪不宁，想把它快点做完，但欲速则不达，最后的结果是，两件事情没有做好，心情烦躁，不痛快。如果长期这样，你的做事效率就会越来越差，心态也会越来越浮躁。久而久之，会演变成你的能力很差的结果。

眼光长远、深谋远虑的人，常被夸赞睿智，而很多人在憧憬未来之时，却增添了几分浮躁之气。具体表现在事情刚做到一半，就觉得要大功告成，开始飘飘然起来。急功近利，只讲速度，不讲质量，看不起眼前的

小事，认为如此做不出什么名堂来，没有什么意义。他们的兴趣没有被提升起来，挑战自己和别人的欲望也被压抑着。

在生活中，真正的赢家并不是那些聪明的人，而是那些笨的人。因为他们认为自己不够聪明，勤能补拙，所以他们苦干，最终有了自己想要的生活。而相反，那些自以为聪明者，他们喜欢耍小聪明看到周围的人有更巧妙的方法，他们就投机取巧，似乎这样就显得比别人聪明一点，而最终他们往往输得很惨。所以智慧和实干比起来，实干更加不可或缺。

那么，我们怎样才能做到做事时摒弃浮躁的心态呢？

首先，要明确目标，选择最好的方法。

聪明的人，有理想、有追求、有上进心的人，一定都有一个明确的奋斗目标，他懂得自己活着是为了什么。因而他的所有的努力，从整体上来说都能围绕一个比较长远的目标进行，他知道自己怎样做是正确的、有用的，否则就是做了无用功，或者浪费了时间和生命。显然，成功者总是那些有目标的人，鲜花和荣誉从来不会降临到那些没有目标的人的头上。

其次，统筹规划，理出做事的提纲。

面对繁杂的事情，我们最好先理出思绪，先做什么，再做什么，分清轻重缓急，才不会乱了阵脚。

最后，要善于总结。

通过总结，我们吸取到经验教训，以后遇到类似事情，处理起来就容易多了。

总之，无论我们做什么，让自己沉下心来进入角色是非常重要的，越早进入就意味着越早地步入事业的轨道。每天都让自己成熟一些，浮躁之气自然会少下来。

利用紧迫感，培养时间管理意识

在任何一个城市，最忙碌的也许就是上班族，上班、下班、家庭、聚会，好像什么都必须参与，时间总是不够用，青春也在这样的忙碌中渐渐流逝。可以说，任何一个上班族都在极力追寻高效率的工作，高效率就是最短的时间内高质量地完成工作量。而对于通货膨胀和激烈的就业竞争形势而言，管理好自己的时间，做更多的事情也是保证职业稳定和发展的一种未雨绸缪的措施。对于同一年参加工作的上班族而言，若干年后各自会有不同的境遇，有些人会飞黄腾达，有些人还是原地踏步甚至是平行职位跳槽。在世界范围，所有的上班族所遇到的问题都是一样的。然而，高效率工作的第一步就是我们要有紧急意识，紧迫感才是不断促进我们做好时间管理的动力。我们先来看看中层管理者皮特是怎么工作的：

皮特是一家公关公司的市场部经理，他来这家公司工作时间不长，才只有三年，但却从一名市场专员晋升到经理，他的工作能力和效率确实是有目共睹的。在公司的年会上，他总结自己的工作经验时说："我们是专业的公关人士，对我们最重要的是什么，是效率！我们的客户最重视的也是时间。所以，任何时候，我们都要有紧迫感。我建议大家，在工作中，能电话解决的问题就尽量不面谈；能自己解决的问题就不要兴师动众地开会；能立即做的事情就不对坐闲扯；能当面交代的事就不要行文下达。大家看，为了能节省时间，我现在已经搬到办公室附近的地方住了……"

这里，皮特确实有自己的一套节省时间的方法，值得上班族们学习。据专家考证，一般上班族真正每天用于上班达到忘我境界的时间往往只有两小时。而原因之一就是我们常常做事没有紧迫感，要么等到最后时限才紧赶慢赶，要么坐等下班。在现如今飞速发展的时代，时间就是金钱，时间就是生命。没有哪位上司喜欢太慢的员工，工作效率是企业的生存之本，也是员工能够在企业中发展之本。工作时我们要禁忌怠慢心理，优哉游哉的心境适合逛商场，而不是职场。无论从哪个角度看，我们都应该珍惜时间，培养快节奏的工作习惯。

具体来说，我们应该这样做：

1. 制订计划，按计划做事

每日为自己制订一个工作计划，做一个工作列表，把每日需要做的具体工作按照轻重缓急排列，相似的工作最好排在一起，便于思维；先处理紧急的工作，再处理重要的工作，最后处理简单、缓慢的工作。制订工作计划每日的工作才有方向，才不走冤枉路，马车好不如方向对，没有方向瞎忙活，再努力也是枉然。

2. 集中精力

工作时一定要集中精力，全身心地投入工作，避免分心，要学会善于集中精力做一件事，而且是做好这件事。工作切忌不能三心二意，那样只会捡了芝麻掉了西瓜，甚至哪件事都做不好，让别人否定你的能力。

3. 简化工作

将简单的东西复杂化不是本事，将复杂的东西简单化才是能耐。当工作像山一样堆在面前，不要硬头皮干，那样根本做不好，首要的任务就是将工作简化。当面前的大山被你简化成小山丘，是不是豁然开朗，起到了事半功倍的效果。

4. 使用辅助工具

现代社会，办公室工作早已脱离了纸笔，会工作的人都擅长运用一些辅助工具，比如，电脑、手机等，简单的电脑办公软件有Word、Excel、PPt等，帮助我们编辑文件、分析统计数据，有的公司还会使用财务软件、库存软件等。我们还可以使用手机的记事本、闹钟、提醒、计算器等功能，帮助我们记录、提醒重要事件。

5. 经常充电

多学习知识，尤其是专业知识，只有不断更新知识，不断学习，才能更有效地应对日新月异的职场问题，处理高难度的工作难题，才能比别人更优秀，才能提高工作的应对能力，比别人更有效率。

6. 保证睡眠

保证充足的睡眠，不仅能恢复当天体力，还能为第二天提供充沛的精力。睡眠在人的生活中占据相当重要的地位。在一天的二十四小时中，睡眠占至少三分之一的时间，可见睡眠是不能应付的。只有身体、大脑得到充分的休息，我们才能有旺盛的精力投入到工作中，才能提高工作效率。

7. 劳逸结合，会休息才会工作

不能一味地埋头工作，就像老牛拉犁一样，人的体能是有限的，大脑也是需要休息的，超负荷的工作只能降低工作效率，产生事倍功半的结果。不会休息就不会工作，适当地放松一下，工作间隙站起来活动十五分钟，喝杯水，听听音乐都可以让身心放松下来。工作时要为自己保留弹性工作时间。

8. 平衡工作和家庭

我们除了要工作外，还有家庭，对此，我们要做到平衡处理。

第一，工作和家庭生活要划清界限。对家人作出承诺后，一定要做到，但是希望其他时间得到谅解。制订较低的期望值以免造成失望。

第二，学会忙中偷闲。不要一投入工作就忽视了家人，有时十分钟的体贴比十小时的陪伴还更受用。

第三，学会利用时间碎片。例如，家人没起床的时候，你就可以利用这段空闲时间去做你的工作。

注重有质量的时间——时间不是每一分钟都是一样的，有时需要全神贯注，有时坐在旁边上网就可以了。要记得家人平时为你牺牲很多，度假、周末是你补偿的机会。

总之，我们需要明白的是，时间就是金钱，时间就是效率，时间是最宝贵的资源，时间不能消费，也不能买卖。我们工作时一定要有时间意识，消耗时间就是消耗青春，虚度光阴。连工作都做不好更谈不上效率，没有人会赏识这种人。所以一定要加强紧迫感，在做每一项工作都要有超紧迫的意识，不断地督促自己。

每天多做一点，成功早到一点

生活中，我们总能听到一些人会为自己的行为找借口：约会迟到了，会有“路上堵车”、“手表停了”的借口；考试成绩不理想，会有试题太难、身体不舒服的借口。只要细心去找，借口总会有的。他们总是不想方设法地去提高做事效率，而是把大量的时间和精力放在如何寻找一个更合适的借口上。那么，你有这样的弊病吗？大凡成功的人，都有个共同的特点，那就是他们总是少说话、多做事，做事效率很高，也就是他们具有很强的执行力。一个人如果缺乏执行力，就不会有高效率，就赶不上竞争对手，会被淘汰出局。

俗话说："七分努力，三分机遇。"但偏偏有些人累死累活地干了一辈子，也不得出人头地，他们之中不乏精湛的技术、很强的个人能力，其中的重要原因是没有立即行动的执行力。我们来看看下面这个故事：

从前，有两个和尚，分别在两个不同的寺庙修行，而这两个寺庙，坐落在相邻的两个山上。这两个和尚，每天早上都会见上一面。因为，在两山之间，有一条小溪，这两个和尚都会来挑水。

时间过得真快，眨眼间，这两个和尚都在各自的寺庙修行了五年，他们也挑了五年的水。

而突然有一天，左边这座山的和尚没有下山挑水，又过了一个星期，他还是没有下山挑水。右边这座山的和尚心想："我的朋友怎么了，为什么不来挑水了？难道是生病了。我要过去探望他，看看能帮他做点什么。"

很快，右边这座山的和尚来到了他朋友的寺庙，但令他奇怪的是，他的朋友根本没生病，而是神采奕奕地在打太极拳。他好奇地问："你已经一个月没有下山挑水了，难道你们不喝水吗?"左边这座山的和尚说："来来来，我带你去看看。"

随即他带着右边那座山的和尚走到了庙的后院，指着一口井说："这五年来，我每天挑完水、做完分内的工作后，都会抽空挖这口井。即使有时很忙，也能挖多少算多少。最后终于挖出了水。从那以后，我就不必再下山挑水了，也就可以有更多时间钻研喜爱的太极拳了。"

这位懂得挖井的和尚，就是个智者，他不仅挖出了井，让自己不用再费力挑水，还能抽出时间钻研自己喜爱的太极拳。

这个故事同样告诉生活中的我们，高效率地做事，就必须要学会立即执行，而不是找借口拖延。

那么，我们该怎样高效地做事呢？

1. 人生要有一个明确的目标

有些人没有目标，整天糊涂度日，一生忙碌，但到头来一事无成，默默终生。人生不在于时间的长短，而在于生活质量的高低，如果你不甘平庸，就从现在开始，为自己制订个明确的目标，并为之努力吧！

也就是说，每个人都要为自己树立一个华丽的梦想，那么，无论你再辛苦，也会感觉到快乐。

因为家境困难而不得不休学的欧普拉在超市打工，比起每天站到双脚浮肿，更让她难过的是得不到别人的尊重。

商场销售员也分等级，厂家派来的职员或商场的正式员工，从外表上看显得干净利落，而且在商场内的待遇也不一样。像欧普拉这种临时雇员，无论在哪里都会受到不公平的待遇。

在每天清理货架、搬运商品的工作中，欧普拉就告诉自己，我绝不是应该享受这种待遇的人，于是就在脑海中描绘出自己的未来。主攻经营学的她，想成为市场营销的专家，有着从营销人员晋升到CEO的华丽梦想。

欧普拉经历了就业困难的时期和辛苦的公司生活，但她一刻也没有忘记自己在商场里就已经确定立下的梦想。如她所愿，欧普拉在市场营销领域崭露头角，几年后即被一家大企业选中，成为商场事业部的经理。

在你最忙碌、感到疲惫的时候，你不妨看看周围的人，即使做着同样的工作、看似差不多的生活，但在五年、十年乃至更短的时间，大家的命运都有可能完全不同，因为在每个普通的外表下，都有可能隐藏着不同的梦想，人生因梦想而变得闪闪发光。为梦想而工作，即使顶着压力，背负辛苦，你也会感到快乐。

2. 为实现自己的目标，制订出切实可行的计划，来逐步达到目标

若想成功，你就要做到：一旦有了目标，就围绕目标，想方设法，积极行动，为早日实现自己的目标而奋斗不已。

3. 要有时间的紧迫感

社会发展到现在，闲暇在每个人的生命中，已经成为举足轻重、仅次于生活必需时间的第二大时间段。一个人要想有所成就，就应当重视合理地安排时间，最大限度地提高时间的利用率。在成功的诸多因素中，天资、机遇、健康等等都重要，但把所有有利条件发挥出来的决定性因素，是利用好每一分每一秒的时间。

总之，人生苦短，只有区区数十年光阴，在这有限的时间内，如何使自己的人生走向辉煌呢？我们无法延长时间，但可以追求效率。

巧妙说“不”，让生活顺畅一些

现代社会，无论是职场还是商业活动中，都强调合作的重要性，合作带来共赢。他人愿意与你合作是好事，证明你还有被社会或企业所需要的价值。但是，任何邀约或请求来者不拒的话你就没法做自己想做的事情

了，工作也就会无形中增加很多。他人有邀请你的权利，你也有拒绝合作的权利。因此，提高做事效率的一个关键点是学会拒绝。

但是中国人是个“理”字当先的国度，有时还要讲面子的。实际上，学会拒绝，是人们进行社会交往所必需的技能要求。世界著名影星索菲娅·罗兰在她的《生活与爱情》一书中，曾记下查理·卓别林与她最后一次见面时，赠送给她的一句忠告，“你必须学会说‘不’。索菲娅，你不会说‘不’，这是个严重的缺陷。我也很难说出口。但我一旦学会说‘不’，生活就变得好过多了”。因此，我们要有拒绝他人的意识，更要有这项技能。

一些心直口快的人认为，既然是拒绝，有什么难的，直接说“不”即可。其实不然，如果我们全凭自己的兴致，不顾他人面子直接开口拒绝，那么，对方可能会因为伤了尊严而与我们绝交，那么，就得不偿失了。

我们先来看看下面这位深谙拒绝艺术的女经理是如何巧妙地说出“不”字的。

某公司的销售部经理刘红是个很善于与人沟通的人，在她的手下工作，很多员工都觉得干劲十足。公司其他领导都羡慕刘红的工作模式——上班只是喝喝茶，发发工作指令，员工们心甘情愿地为其卖命，毫无怨言。其实，这都是因为刘红很善于调动员工们的积极性。

一天，市场专员小王拿着一叠厚厚的资料，来到刘红的办公室，对她说：“刘总，这是这个月的市场调查报告，您有时间整理一下吧。”

刘红最近手头事情太多，而且，整理资料的工作本身就是下属应该做的。于是，她巧妙地拒绝道：“小王啊，你可一直是我最得力的助手啊，你看我桌上的文件，哎呀，你难道要看着我累趴下吗？算姐求你了，帮个

忙吧，回头我请你吃饭。”

听到刘红这么说，小王扑哧一声笑了，不到几个小时的时间，他便把整理好的资料送到了刘红的办公室。

案例中的经理刘红拒绝下属的方法就是撒娇法，一句“哎呀，你难道要看着我累趴下吗？算姐求你了，帮个忙吧，回头我请你吃饭。”让下属看到了领导的可爱，这样一个可爱的领导，有哪个下属还会再好意思进一步要求呢？

不得不承认的是，我们都是生活在一定的社会和集体中的，都会有求于人，因此，在时间充裕、能力足够的情况下，我们还是应对他人伸出援助之手的。但不少时候，有些人提出的请求是过分的，或者是超出我们时间预算和能力之外的，那么，我们就要懂得拒绝的必要性。生活中有一些人，他们毫无心眼，对别人总是有求必应，久而久之，别人就把他当成了可以随便吩咐的“软柿子”。

不知你是否曾经有这样的体验，你似乎总是不愿意拒绝那些对我们示弱的人的请求，因为他们激发了你内心的同情和保护的欲望，这也是人们的普遍心理。而事后，你又发现，你似乎变得越来越忙了，而到最后，真正你想做的事却并没有最好，最后，你只能牺牲自己的休息时间。

那么，具体说来，我们该如何将拒绝说出口又不伤害彼此感情呢？

当然，对于拒绝也不能一概而论，要具体问题做具体分析。一般情况下的拒绝应分为以下几种情形：

一种是直截了当地拒绝。这种拒绝方式一般是因为被求者是个干净利落、不拖泥带水的人，办事风格上也是风风火火。

还有一种是委婉地拒绝。这种情况下，被求者碍于面子，考虑到直接回

绝朋友会伤及自己的面子和别人的自尊，于是，先绕个弯子，曲曲折折地拒绝，也可能采取其他方式逃避别人的要求，这是一种迂回的拒绝方式。

除了以上这种方法外，适当的时候，你还可以用充足的理由和诚恳的态度直接拒绝别人。在拒绝别人时，有充足的理由是必不可少的，只要你的理由真实，语言诚恳，对方一般都不会再对你的拒绝进行反驳。

你还可以采取以下方法补救：

谢绝法：对不起，我真的不能接受，不过还是谢谢你。

婉拒法：我还没有想好，请给我一点时间，让我好好想想。

回避法：哦，这样啊，对了，你的另一件事怎样了……

幽默法：我很乐意帮你，但你看，我今天实在有事，只好当逃兵了。

无言法：如果你想拒绝某人，却又不好意思，完全可以通过一些手势、动作来暗示。比如摆手、摇头、耸肩、皱眉，转身等。

严词拒绝法：这可不行，我已经想好了，你不用再费口舌了！

补偿法：真对不起，这事我真无能为力，我实在爱莫能助了，不过，以后你有什么事情可以找我，我会尽量办到的！

借力法：你问问他，他可以作证，我从来干不了这种事！

总之，你需要记住的是，要想学会真正管理时间，充分利用时间做事，就要学会拒绝，当然，真正最高境界的拒绝，就是让对方了解你的难处，彼此之间的关系也不会因此而受损！

全力以赴，用热情和激情对待工作

人生在世，谁都渴望有一番成绩，做出一番事业来。为此，一些人认为自己当下的工作根本谈不上“惊天动地的事业”，于是，他们总是渴望拥有一份更能发挥自己能力与价值的工作，对自己的本职工作便心不在焉。有时候，他们只是为了那点薪水而在浪费自己的时间，也许让他们感到快乐也就是在那一刻。而实际上，热爱工作并做到专心致志、全力以赴，是每个社会人的职责，也是让自己快乐的源泉。我们死心塌地地对待所做的工作时，就能产生火热的激情，它能让我们每天在工作中全力以赴。久而久之，持续地努力付出自然会有回报，我们还会因此而提高了做事效率。失去热情，必然会失去继续前行的动力；失去激情，必然会失去战胜困难的勇气，不敢面对挑战，这样的人生必然乏味而无聊。其实，如果你细心发现，那些工作效率高、工作成绩好的人，通常都有一个共同特点：热爱自己的工作。

因此，我们需要明白的是，高效率始于源源不断的工作热忱，你必须热爱你的工作。热爱工作，你才会珍惜时间，把握每一个机会，调动所有的力量去争取出类拔萃的成绩。

琳达现在已经是家连锁餐饮企业的老板了，现在的她，每天脸上都挂满笑容。而六年前，她只不过是旧金山一家快餐厅的侍应生。而她的丈夫保罗也只不过是一名交警。虽然那时候他们每天都很快乐，然而保罗和琳

达都梦想着有一天能拥有他们自己的事业。他们特别喜欢冰激凌，并为经营一家冰激凌店做了一些调查工作，但是他们并没有发现合适的机会。

有一次，一个客人来店里吃饭，琳达无意中和他聊了几句，原来，对方是一家名为“酷圣石”的冰激凌店的老板。这引起了琳达的兴趣，经过数次的拜访和调查，她和丈夫一致认为这就是自己长期以来所寻找的机遇。于是，他们便决定冒险投资。

当你进入琳达的这家冰激凌店之后，你会发现，琳达工作起来是如此热情洋溢。不论你什么时间去买冰激凌，他们总会有一个人一直守在店里，与此同时，保罗还保留着警察这份职业。但他们确实是在享受自己所做的工作。

工作在我们的人生中占据了大部分最美好的时光。比尔·盖茨有句名言：“每天早上醒来，一想到所从事的工作和所开发的技术将会给人类生活带来巨大的影响和变化，我就会无比兴奋和激动。”

生活中的人们，无论你现在从事什么样的工作，都应该学会热爱它。即使这份工作你不太喜欢，也要尽一切能力去转变，并凭借这种热爱去发掘内心蕴藏着的活力、热情和巨大的创造力。事实上，你对自己的工作越热爱，决心越大，工作效率就越高。

那么，如何才能做到热爱并做好自己的本职工作呢？

不管怎样，竭尽全力、专心致志、全神贯注于本职工作，这样，渐渐地在痛苦之中逐步产生喜悦感和成就感。“热爱”和“全神贯注”就如硬币的正反两面，是因果关系的循环。因为热爱才能全神贯注，全神贯注之中自然而然就热爱上了。

当然，最初难免有些勉强。但是，必须要反复对自己说：“自己正在

从事一项了不起的工作”，“这是多么幸运的工作啊”。于是，对工作的态度自然而然就有了大转变。

有句话说得好：“选择你所爱的，爱你所选择的”。为了培养你对工作的热情，首先，在择业之前，你应该考虑自己的兴趣。一般情况下，如果你真的不喜欢自己所做的事情，对它缺少积极性，那么这是不值得的，不管你得到的薪水有多高，不管你的职业生涯攀上了多少高峰，都是不值得的。

如果你并不了解自己的兴趣所在，你怎样才能挖掘出它们呢？有很多方法可以做到这一点。例如，在你目前的工作中，你最喜欢它的哪些方面？是和他人共处，还是不和他人共处？是智力挑战，还是解决问题或者某个问题在某一天结束的时候有了具体答案的满足感？

倘若你已经有一份不错的工作，那么，不妨尝试着热爱它。

其实，并不是所有工作都是那么妙趣横生的，甚至绝大部分工作都会因为工作环境的一成不变而变得枯燥乏味。许多在大公司工作的员工，他们拥有渊博的知识，受过专业的训练，有一份令人羡慕的工作，拿一份不菲的薪水，但是他们中的很多人对工作并不热爱，视工作如紧箍咒，仅仅是为了生存而不得不出来工作。他们精神紧张、未老先衰，工作对他们来说毫无乐趣可言。

可见，一件工作有趣与否，取决于你的看法。对于工作，我们可以做好，也可以做坏。可以高高兴兴和骄傲地做，也可以愁眉苦脸和厌恶地做。如何去做，这完全在于我们。所以只要你在工作，何不让自己充满活力与热情呢？

当你抱有这样的热情时，上班就不再是一件苦差事，工作就变成了一

种乐趣，就会有许多人愿意聘请你来做你更热爱的事。如果你对工作充满了热爱，你就会从中获得巨大的快乐。

设想你每天工作的八小时，就等于在快乐地游泳，这是一件十分惬意的事情！

另外，从工作中寻找成就感也会让你爱上它。比如，如果你是教师，你可以通过观察每个学生在学习上的进步、心智的成长来获得乐趣；如果你是个医生，你可以从帮助病人排除病痛为己之快乐。另外，你还应该认识到，在每一份工作中，我们都学到了不同的知识。

因此，热爱你的工作吧！一个人所从事的工作，是他获得幸福的源泉，是他的理想所在，是他对待人生态度的体现。工作将填满我们的大部分人生，珍惜生命和时间的表现之一就是带着热情工作。我们还可以从工作中释放自己的热情，释放自己的能量，释放自己的智慧，来获取一份快乐，一份成功！

拖延是时间的窃贼，不给拖延找借口

现代社会中的人们，似乎总是那么忙碌，但为什么事情总到最后才开始着手？其实不是时间不够、事情太多，而是我们总在拖延……拖延是偷窃时间的贼，是时间管理中最主要的罪恶。不知你是不是有这样的体验，越是手边的事情多的时候就越容易走神，比方上网看看新闻，查查邮件，回复邮件。真正该做的事情要么难以进行，要么就不想开始。生命就在这样的拖延中浪费了。

因此，改变效率的第一步，就是克服拖延症。鲁迅说过：“伟大的事业同辛勤的劳动成正比，有一份劳动就有一分收获，日积月累，从少到多，奇迹就会出现”。生活中的人们，无论是工作、生活还是学习，大事还是小事，凡是应该立即去做的事情，就应该立即行动，决不能拖延，要尽全力日事日清。的确，我们的一生中，确实有很多个明天，但如果把什么都放在明天做，那明天呢？明天的明天呢？有句话说得好，“我们活在当下”，明天属于未来，我们只有把握好现在，才能决定明天的生活。

曾经有一个关于寒号鸟的传说。

这种鸟很特别，它长着四只脚，两只光秃秃的肉翅膀，不会像一般的鸟那样拥有轻盈的翅膀，不会在天空飞行。其实，寒号鸟原本不是这样的。

很久以前的一个夏天，寒号鸟比其他鸟类更漂亮，它全身长满了洁白的、美丽的羽毛，因此，他很骄傲，认为自己已经是最漂亮的鸟了，甚至不把鸟类之王——凤凰放在眼里。他每天也不干活，只是炫耀自己的美貌。

很快，秋天来了，所有的鸟类都各自忙开了，有的开始飞向南方避寒，也有的在准备过冬的食物。而只有寒号鸟，既没有飞到南方去的本领，又不愿辛勤劳动，仍然是整日东游西荡的，还在一个劲地到处炫耀自己身上漂亮的羽毛。

一眨眼，冬天终于来了，大雪纷飞，所有的鸟类都躲起来过冬了，但寒号鸟，却饥寒难耐。而且，它身上的美丽的羽毛也都掉光了，它更冷了，它只有躲在石缝中避寒，它不停地叫着：“好冷啊，好冷啊，等到天亮了就造个窝啊！”等到天亮后，太阳出来了，温暖的阳光一照，寒号鸟又忘记了夜晚的寒冷，于是它又不停地唱着：“得过且过！得过且过！太

阳下面暖和！太阳下面暖和！”

终于，整个冬天，寒号鸟都这样凄惨地过着。等到春天来的时候，其他鸟类飞来石缝旁边时，寒号鸟已经冻死了。

这个寓言故事同样说明了拖延就是对宝贵生命的一种无端浪费。几乎每个人清楚地知道，拖延是不好的习惯，可是，你是否真正思考过，多年来由于拖延为你带来了多大的损失吗？

因此，如果你是个有拖延症的人，那么，必须想方设法将其从你的个性中除掉。如果不下决心现在就采取行动，那事情永远不会完成。当然了，如果你不打算成功，不打算超越他人和自己，不打算改变现状的话，那你可以放任自己的拖延陋习。

绝不拖延首先是一个态度问题，只要你坚持采用这种态度，久而久之就形成了一种习惯，最后，这种习惯会融入你的生命，成为你展现个人魅力的优秀品质。正如持续改善的正面力量一样，拖延的反面力量同样强大。每天进步一点点，持之以恒，水滴石穿，你也必将能成就自我。而每天拖延一点点，你的惰性会越来越大，长久下去，你将跌入万劫不复的深渊。明代大学士文嘉曾写过一首著名的《明日歌》：“明日复明日，明日何其多，我生待明日，万事成蹉跎。世人若被明日累，春去秋来老将至……”这正是对做事拖延的真实写照。

而实际上，生活中，每天还是有那么多的人在浪费着自己的生命。伍迪·艾伦说过：“生活中90%的时间只是在混日子。大多数人的生活层次只停留在为吃饭而吃，为搭公车而搭，为工作而工作，为回家而回家。他们从一个地方逛到另一个地方，使本来应该尽快做的事情一拖再拖。”的确，在我们周围，也包括自己，在做事的过程中，因各种事由造成拖延的

消极心态，就像瘟疫一样毒害着我们的灵魂，影响和消磨着我们的意志和进取心，阻碍了我们正常潜能的开掘，到头来一事无成，终生后悔。

那么，该怎样克服拖延的坏习惯呢？

（1）承认自己有拖延的习惯，有意愿克服才能成功解决问题。

（2）找到拖延的原因。很多人迟迟不敢动手，是因为害怕失败。如果是这一原因，那么，你就应强迫自己做。

（3）严格要求自己，磨炼毅力。爱拖延的人多半都是意志薄弱的，当然，磨炼自己的意志并非一朝一夕就能做到的，需要从小事、简单的事做起，并坚持下来。

（4）做好计划，要求自己严格地按计划办事。

（5）别总为自己找借口。例如“时间还早”，“现在做已经太迟了”，“准备工作还没有做好”，“这件事做完了又会给我其他的事”等等，不一而足。

（6）坚持到最后，找到成就感。这样很容易让人对事情产生厌烦感，应该做到告一段落再停下来，会给你带来一定的成就感，促使你对事情感兴趣。

总之，如果你想成功或成为你理想中的人，最好的办法是这样开始：播下一种行动，你将收获一种习惯；播下一种习惯，你将收获一种性格；播下一种性格，你将收获一种成功。因为建功立业的秘诀就是：绝不拖延，立即行动！光“说”不“练”肯定不行，这就要求我们平时就要养成立即行动的习惯；一旦发生了紧急事件，或者当机会来临时，能做出强有力的反应。同时，当我们对事情有种想法时，一定要设定完成期限，并告诫自己是无法变更的，这样一来，你就没有再拖延的借口。

戒除网络依赖症，别让网络偷走你的时间

现代社会，随着科技的发展，互联网已经盛行。网络的作用，我们已经深深体会到，比如，当全家要出外旅游时，可以利用网络查路线、订酒店；当你需要某种书籍时，也可以在网上购买。然而，互联网在给人们的生活带来方便的同时，也给人们带来一定的负面影响。很多人都对网络产生了依赖性。曾经有这样一个研究：被调查的都是一些上班族，他们称自己有百分之二十的时间都浪费在了网上冲浪上。不得不说，偷走我们时间的元凶之一就是网络。诚然，偶尔网上冲浪、玩玩网络游戏无可厚非，但一旦形成网络依赖，就会影响工作效率。

不知你是否有这样的苦恼：

你原本只是想发个邮件，但是当你一打开电脑，就发现浏览器上跳出来很多美女图片、八卦新闻、购物信息等，网页一个个地点开来看，不知不觉时间就这么过去了，半个小时，一个小时，甚至更久……虽然事后懊悔不已，但却经不住网络的诱惑。对此，该怎么办呢？我们先来看看时间管理达人菲奥娜是怎么处理这个问题的。

菲奥娜是一名很优秀的媒体人，她每天都要接触最新的新闻消息，按照她的说法就是，没有网络，她就无法生存。但实际上，菲奥娜却不是个网虫。除了工作之外，她有大把的时间可以和男友逛街、看电影、吃美食。每个周末，她都有精彩的活动，她从不把美好的休息时间浪费在上网

打游戏、无休止地浏览网页上。

三年前，菲奥娜从她的上司那里学来一套管理时间的方法，其中就包括工作时间如何抵制网络诱惑的问题。她的经验是，早上当你来到办公室后，如果时间还早，就不妨花十几分钟看看你关注的一个问题的更新。如果已经到上班时间，那就屏蔽所有与工作无关的网站。上午十点左右，通常是她比较疲惫的时候，她会花半个小时看看最新的时尚信息。在写工作总结和报告的时候，她会自觉切断网络，以免受到那些自动弹跳出来的对话框的打扰。

菲奥娜的方法很奏效，那些有工作积极性和热情的同事也纷纷效仿她。

这里，菲奥娜确实向我们提供了一些拒绝网络依赖的方法。

不得不说，网络依赖对我们的危害是明显的。长时间上网，会导致我们工作效率低，无法按时完成工作；过度借用网络资源，造成我们独立思考能力下降；另外，长时间凝视电脑屏幕会导致视力下降，进而近视；显示器产生的电磁辐射也会直接侵害我们的身体；大脑由于处于长时间的紧张工作状态，会变得麻木、混沌；颈椎、脊柱等部位会因弯曲、久坐不动而变形、疼痛。

无论从哪个方面考虑，我们都应该严格控制自己的上网时间。那么，有什么方法呢？效率专家建议，将每天上网当成一个例行公事，那么，你会发现明显的效果：长达两小时的上网时间会压缩到短短的三十分钟，同时还能保证你的上网质量并不会受到影响。

下面是打造你自己网络冲浪的例行办公步骤：

1. 固定上网时间

无论做什么事，只要能在固定的时间做，就容易养成一种习惯。此

外，固定的时间段能让我们充分利用短暂时间汲取有益信息，从中获益。如果你是一名职场白领，那么，最佳上网时间应该是早上。正如案例中的菲奥娜一样，当你来到办公室，可以在十几分钟内浏览当天的新闻，当然，一到上班时间，你就应该立即投入工作。

2. 给你的上网活动划分等级

你需要拿出一张纸，列出你上网要做的事，然后按照这些事的重要性对其进行排序。比如，查邮件和网上预约对你是最重要的，你就可以把这两项排在1和2的位置，而其他一些不太重要的浏览就可以排在后面。

做这样一份清单的好处在于让你清楚地知道哪些是上网必须要做的，哪些是可以推迟甚至可以不做的。

3. 对号入座，限制网页数量

建立好清单后，接下来，你要做的是把所有要浏览的网站按清单上的顺序放到浏览器的书签工具栏中，从左到右，依次列出。这样做，不仅能避免每一次都要输入网页地址，也能有效防止因网页混乱对我们的干扰，大大节省了上网时间。

当然，最重要的不是方法，而是你的自制力。自制力不强的话，再好的方法也不可能让你戒除网络依赖。当然，如果你对自己的自制力没有信心的话，还可以采取一些“硬”性的方法。比如，如果你的工作不是非要利用电脑不可，那么，工作时间，你完全可以将电脑放到其他同事那里或者公司的公共场所，这是帮你戒除网络依赖的最简单的方法。而如果你是一个网络依赖性很强的人，也可以给自己一段时间，循序渐进地努力。比如，刚开始，你可以限制自己一个月内一天不上网，再到一周，然后再到固定时间内才上网，一段时间下来，你会有惊人的发现，你的工作效率在成倍地提高。

如果你想保持这种高效率的工作方式，那么，最好将它形成一种习惯。只有这样，你才能真正健康地上网、快乐地工作！

参考文献

[1] 李晓娟. 谁偷走了我的时间[M]. 北京：人民邮电出版社，2014.

[2] 时光. 高效工作的时间管理[M]. 北京：中国纺织出版社，2013.

[3] 三石. 每天学点时间管理[M]. 北京：中国纺织出版社，2012.